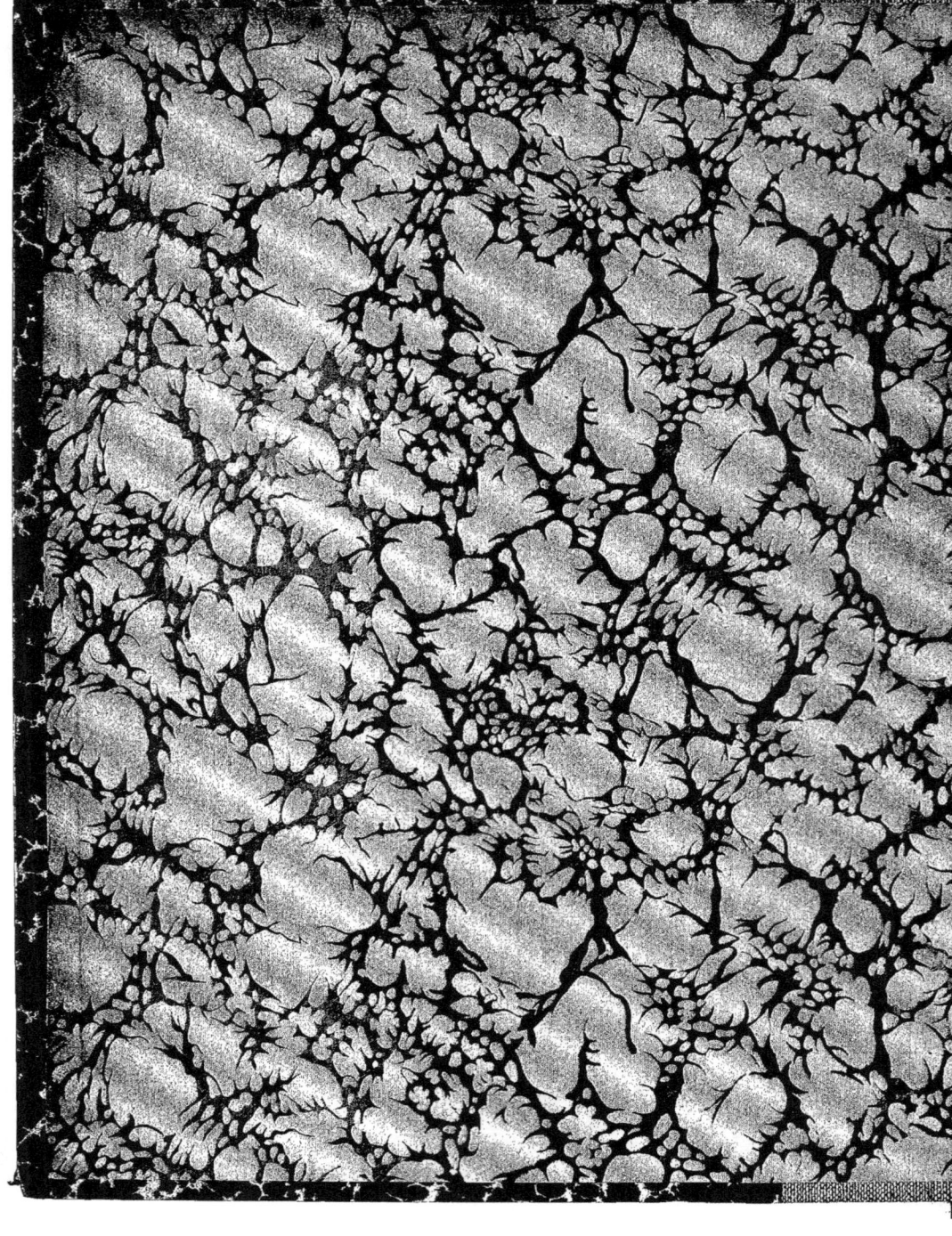

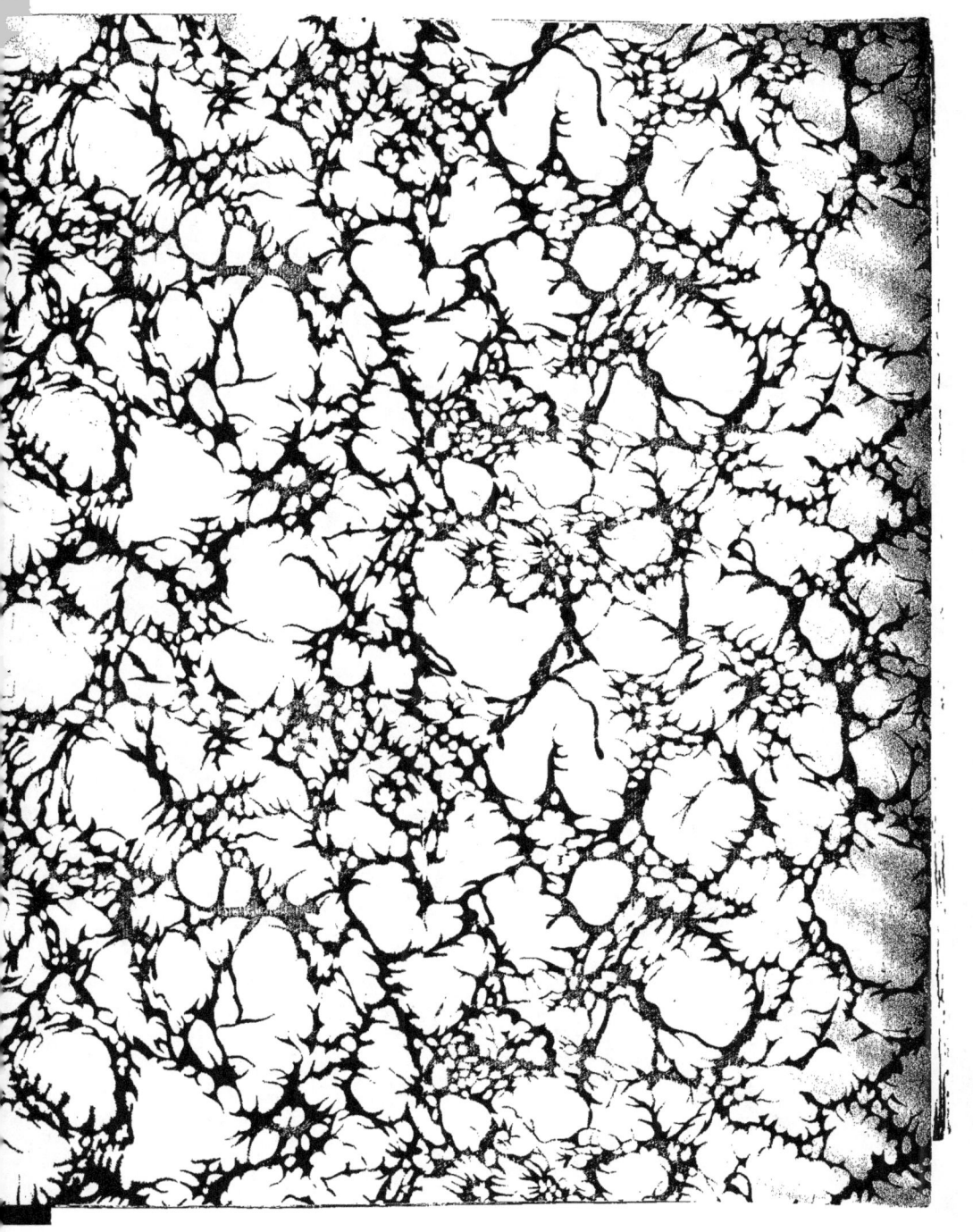

MAGDELAINE

OUVRAGE PUBLIÉ SOUS LES AUSPICES DU MINISTÈRE DE L'INSTRUCTION PUBLIQUE

SOUS LA DIRECTION DE

L. JOUBIN, Professeur au Muséum d'Histoire Naturelle

EXPÉDITION ANTARCTIQUE FRANÇAISE

(1903-1905)

COMMANDÉE PAR LE

Dr Jean CHARCOT

Journal de l'Expédition

PAR

J.-B. CHARCOT

PARIS
MASSON ET Cie, ÉDITEURS
120, Boulevard Saint-Germain, 120

1908

EXPÉDITION ANTARCTIQUE FRANÇAISE
(1903-1905)

Fascicules publiés

Décembre 1906

POISSONS .... Par L. VAILLANT.
1 fascicule de 52 pages : **5 fr.**

TUNICIERS......... Par SLUITER.
1 fascicule de 50 pages et 5 planches hors texte : **8 fr.**

MOLLUSQUES..... *Nudibranches et Marséniadés*, par A. VAYSSIÈRE. — *Céphalopodes*, par L. JOUBIN. — *Gastropodes et Pélécypodes*, par ED. LAMY. — *Amphineures*, par le D^r JOH. THIELE.
1 fascicule de 90 pages et 6 planches hors texte : **12 fr.**

CRUSTACÉS....... *Schizopodes et Décapodes*, par H. COUTIÈRE. — *Isopodes*, par HARRIETT RICHARDSON. — *Amphipodes*, par ED. CHEVREUX. — *Copépodes*, par A. QUIDOR.
1 fascicule de 150 pages et 6 planches hors texte : **20 fr.**

ECHINODERMES.. *Stellérides, Ophiures et Échinides*, par R. KOEHLER. — *Holothuries*, par C. VANEY.
1 fascicule de 74 pages et 6 planches hors texte : **12 fr.**

HYDROIDES........ Par ARMAND BILLARD.
1 fascicule de 20 pages : **2 fr.**

Juillet 1907

BOTANIQUE........ *Mousses*, par J. CARDOT. — *Algues*, par J. HARIOT.
1 fascicule de 20 pages : **2 fr.**

VERS.............. *Annélides polychètes*, par CH. GRAVIER. — *Polyclades et Triclades maricoles*, par PAUL HALLEZ. — *Némathelminthes parasites*, par A. RAILLIET et A. HENRY.
1 fascicule de 118 pages, avec 13 planches hors texte : **22 fr.**

ARTHROPODES ... *Pycnogonides*, par E.-L. BOUVIER. — *Myriapodes*, H. BRÖLEMANN. — *Collemboles*, par Y. CARL. — *Coléoptères*, par PIERRE LESNE. — *Hyménoptères*, par R. DU BUYSSON. — *Diptères*, par E. ROUBAUD. — *Pédiculinés, Mallophages, Ixodidés*, par L.-G NEUMANN. — *Scorpionides*, par EUG. SIMON. — *Acariens marins*, par TROUESSART. — *Acariens terrestres*, par IVAR TRÄGÅRDH.
1 fascicule de 100 pages, avec 3 planches hors texte : **10 fr.**

Décembre 1907

Mammifères pinnipèdes, par E. L. TROUESSART. — *Oiseaux*, par A. MENEGAUX. — *Documents embryogéniques* (Oiseaux et Phoques), par le Dr ANTHONY.
1 fascicule de 132 pages avec 19 planches hors texte : **24 fr.**

Voir page 3.

Expédition Antarctique Française

(1903-1905)

COMMANDÉE PAR LE

Dr Jean CHARCOT

CARTE DES RÉGIONS PARCOURUES ET RELEVÉES
PAR L'EXPÉDITION ANTARCTIQUE FRANÇAISE

Membres de l'État-Major :

Jean Charcot — A. Matha — J. Rey — P. Pléneau — J. Turquet — E. Gourdon

OUVRAGE PUBLIÉ SOUS LES AUSPICES DU MINISTÈRE DE L'INSTRUCTION PUBLIQUE

SOUS LA DIRECTION DE

L. JOUBIN, Professeur au Muséum d'Histoire Naturelle

EXPÉDITION ANTARCTIQUE FRANÇAISE

(1903-1905)

COMMANDÉE PAR LE

Dr Jean CHARCOT

Journal de l'Expédition

PAR

J.-B. CHARCOT

PARIS

MASSON ET Cie, ÉDITEURS

120, Boulevard Saint-Germain, 120

Tous droits de traduction et de reproduction réservés.

LISTE DES COLLABORATEURS

Les mémoires précédés d'un astérisque sont publiés.

MM.	★ Trouessart	Mammifères.
	★ Menegaux	Oiseaux.
	★ Anthony	Documents embryogéniques.
	★ Vaillant	Poissons.
	★ Sluiter	Tuniciers.
	★ Vayssière	Nudibranches.
	★ Joubin	Céphalopodes.
	★ Lamy	Gastropodes et Pélecypodes.
	★ Thiele	Amphineures.
	★ Brolemann	Myriapodes.
	★ Carl	Collemboles.
	★ Roubaud	Diptères.
	★ Du Buysson	Hyménoptères.
	★ Lesne	Coléoptères.
	★ Trouessart et Ivar Trägårdh	Acariens.
	★ Neumann	Pédiculines, Mallophages, Ixodides.
	★ Simon	Scorpionides.
	★ Bouvier	Pycnogonides.
	★ Coutière	Crustacés Schizopodes et Décapodes.
Mlle	★ Richardson	Isopodes.
	★ De Daday	Ostracodes marins.
MM.	★ Chevreux	Amphipodes.
	★ Quidor	Copépodes.
	★ Œhlert	Brachiopodes.
	Calvet	Bryozoaires.
	★ Gravier	Polychètes.
	★ Hérubel	Géphyriens.
	Jägerskiöld	Nématodes libres.
	★ Railliet et Henry	Némathelminthes parasites.
	Blanchard	Cestodes.
	Guiart	Trématodes.
	★ Joubin	Némertiens.
	★ Hallez	Polyclades et Triclades maricoles.
	★ Koehler	Stellérides, Ophiures et Echinides.
	★ Vaney	Holothuries.
	★ Roule	Alcyonaires.
	★ Bedot	Animal pélagique.
	★ O. Maas	Méduses.
	★ Billard	Hydroïdes.
	★ Topsent	Spongiaires.
	★ Cardot	Mousses.
	★ Hariot	Algues.
	★ Petit	Diatomacées.
	★ Hue	Lichens.
	★ Gourdon	Géographie physique, Glaciologie, Pétrographie.
Mlle	★ Tsiklinsky	Flore microbienne.
	★ J.-B. Charcot	Journal de l'Expédition.

JOURNAL DE L'EXPÉDITION [1]

Mis en chantier le 15 janvier 1903, le « Français » fut lancé le 27 juin de la même année, quitta Saint-Malo à la fin de juillet et acheva son armement au Havre.

Le 15 août, le « Français » sortit des jetées du Havre en but à l'ovation enthousiaste d'une foule considérable. Malheureusement la mort de notre regretté camarade, le matelot Maignan, et les avaries qui en furent cause, nous obligèrent à rentrer dans ce port pour quelques jours.

Le 27 août, nous arrivions à Brest et embarquions les 100 tonnes de charbon que nous donnait le ministère de la Marine. L'amiral Melchior, major général, qui ne cessa de témoigner à l'Expédition la plus vive sympathie, nous donna un remorqueur de l'État, qui nous permit de sortir rapidement des passes de Brest le 31 août.

L'équipage du « Borda », commandé alors par le capitaine de vaisseau Noël, sous les ordres duquel j'eus l'honneur de servir à bord du « Bouvet », nous salua à notre départ par trois hourrahs. Ce furent les adieux touchants de notre pays.

En cours de route, nous achevions par les moyens du bord l'armement du « Français », et ce n'est qu'au large du Rio de la Plata que nous finissions de peindre notre bateau.

A Madère, où nous fîmes escale, le croiseur italien « Liguria » était en rade, commandé par le duc des Abruzzes, qui nous fit le grand honneur, après nous avoir reçu à son bord, de visiter en détail le « Français » et de nous souhaiter bon succès et heureux retour.

---

[1] On trouvera dans les publications scientifiques du ministère de la Marine les renseignements principaux sur l'organisation matérielle de l'Expédition. D'autre part, le récit anecdotique complet avec illustrations a été publiée par J.-B. Charcot dans Le « Français » au Pôle Sud, Flammarion, éditeur.

Nous fûmes rejoints également à Madère par le navire suédois « Fritjhof », envoyé par son gouvernement à la recherche de Nordenskjold. Les états-majors et équipages des deux navires rivaux, mais unis dans leur désir de mener à bien leur mission humanitaire, fraternisèrent et se donnèrent rendez-vous dans l'Antarctique.

Après une courte escale à Saint-Vincent, dans les îles du Cap-Vert, nous arrivions à Pernambuco, où le commandant de Gerlache et les deux naturalistes partis de France décidèrent, à la suite de divergences d'idées sur le programme définitif, de quitter l'Expédition et de retourner en Europe. Dans cette ville, nous reçûmes de la petite colonie française, des Brésiliens et du capitaine du navire anglais « Norsemann », un cordial et généreux accueil, et nous partîmes pour Buenos-Ayres comblés de cadeaux. Les pilotes du port refusèrent toute espèce de rétribution pour leurs services.

En arrivant au large du Rio de la Plata, notre arbre de couche cassa, et c'est à la voile que péniblement nous venions mouiller en rade de Montevideo. M. du Chaylard, ministre plénipotentiaire, nous y reçut admirablement, et les Français de cette ville remirent à l'Expédition une somme importante. Enfin l'armateur A. Lussich nous fournit gratuitement un de ses remorqueurs, qui, en moins de douze heures, nous conduisit à Buenos-Ayres.

L'accueil touchant et généreux qui nous fut fait par la République Argentine et l'importante collectivité française de Buenos-Ayres restera pour nous inoubliable, et le nom de ce magnifique pays doit rester attaché à notre expédition.

A Buenos-Ayres, nous eûmes la chance de rencontrer Nordenskjold et le capitaine Larsen, qui nous donnèrent de bons et précieux conseils. Enfin le Dr Bruce, chef de l'Expédition écossaise, fut un des derniers qui nous souhaita cordialement bon voyage.

Le 23 décembre, nous appareillions de Buenos-Ayres.

Une quinzaine de jours plus tard, nous touchions à Ano-Nuevo, qui fait partie du groupe des îles des États, où les Argentins entretiennent un phare et un important observatoire météorologique. Nous y embarquions cinq des chiens donnés par Nordenskjold au Gouvernement de la République Argentine, qui, sur la demande des amiraux Garcia et Barillari, nous les prêtait aimablement. Pendant cette traversée, nous n'avions rencontré qu'un seul bateau, le « Fritjhof », revenant de Snow-Hill.

En trois jours, nous arrivions à Ushuaia, la ville la plus sud du monde, où venait nous rejoindre, le 15 janvier, le transport argentin « Guardia Nacional », détourné de sa route par son Gouvernement pour nous apporter notre plein de charbon, notre maison démontable et les dernières lettres que nous devions recevoir des nôtres.

Les commandants Loqui et Beascochea nous promirent spontanément de faire déposer à la baie Orange quelques tonnes de charbon et des biscuits, que nous trouverions à notre retour pour nous faciliter au besoin le court trajet jusqu'à Ushuaia, et ce fut fait pendant notre absence.

Enfin, le 26 janvier, nous partions. Le soir même, nous mouillions dans la baie Orange. C'est en cet endroit que l'Expédition française de l'« Arromanche » passa les années 1882-1883, accomplissant des travaux scientifiques de la plus haute importance. Devant continuer ces travaux dans l'Antarctique, il était nécessaire que nous commencions nos propres observations en ce point précis.

Le lendemain 27, nous appareillions pour l'Antarctique.

PREMIÈRE PARTIE

ÉTÉ 1904

DU CAP HORN A LA STATION D'HIVERNAGE

27 Janvier 1904. — A 8 heures du soir, nous avons appareillé quittant la baie Orange et nous dirigeant vers le Sud.

28 Janvier. — A 2 heures du matin, nous avons dépassé le faux cap Horn; n'étant plus abrités, nous sentons la grosse houle d'Ouest, et le « Français » se met à rouler. Je ne suis pas sans une certaine inquiétude, car notre longue traversée de France en Amérique nous a bien prouvé que nous avions un bateau capable de supporter n'importe quel temps à la mer, mais il se trouve actuellement dans des conditions toutes particulières et qui peuvent être défavorables. A Ushuaia, nous l'avons littéralement bourré de charbon, en entassant partout où nous pouvions, et le soufflage tout entier est sous l'eau; de plus, il nous a fallu arrimer sur le pont quantité de planches et de madriers destinés à la cabane magnétique et à la charpente du taud, ainsi que la maison démontable arrivée d'Europe, et le bateau s'en trouve considérablement chargé dans les hauts.

Dans l'après-midi, le vent souffle assez fort de l'W. (1), puis de l'W.-S.-W. avec pluie et brumaille, et la mer devient grosse et hachée. Le bateau, chargé comme il l'est, a des réactions très dures.

Dans la soirée, le vent calmit un peu.

29 Janvier. — Il brouillasse avec vent d'W. et d'W.-N.-W.; la houle est toujours grosse, l'air est à + 6°, l'eau de la mer à + 4°; on se

---

(1) Dans l'abréviation du mot Ouest, j'ai adopté la lettre W., ainsi que cela se fait actuellement, par une sorte d'accord international, dans la majorité des ouvrages maritimes et météorologiques, afin d'éviter des erreurs de la part des lecteurs étrangers.

sent trempé malgré les cirés ; nous marchons bien, toutes les voiles dessus et en bonne route. Mais le baromètre baisse rapidement ; nous « ramassons » les voiles hautes dans la soirée, et cette précaution n'est pas inutile, car, vers 10 heures, nous essuyons un formidable coup de vent d'W.-S.-W.

30 Janvier. — La nuit a été extrêmement dure ; la mer très grosse brise avec violence.

Au matin, le ciel claircit et le soleil se montre ; le vent tombe graduellement, mais la mer est toujours très grosse ; la température de l'air varie entre $+3°$ et $+2°$; la température de l'eau de mer est tombée à $+2°$.

Le baromètre, qui avait beaucoup baissé, s'est mis à remonter rapidement dès que le vent eut tourné au W.-S.-W. ; c'est la règle dans ces régions. Le soir, calme.

31 Janvier. — Vent du Nord, dans la matinée, entraînant avec lui brume et pluie fine. Le baromètre baisse de nouveau, et le vent se met à souffler frais de l'W. Nous ne devons plus être qu'à 45 milles des Shetlands du Sud, et comme, de peur d'être dépalés par les vents d'W. prédominants, nous avons gouverné volontairement un peu trop au vent, nous laissons porter pour tâcher d'atterrir sur l'île Smith.

1ᵉʳ Février. — Le matin vers 4 heures, entourés de brume, j'entends puis je vois des Pingouins en grand nombre, nager et plonger autour du bateau.

Nous devons être très près de la côte élevée, et effectivement de grandes boutonnières se produisent nous montrant rochers et glaciers ; puis la brume se dissipe, nous laissant voir les hautes, abruptes, inabordables et sinistres côtes de l'île Smith, toutes couvertes de neige. Mais ce qui attire les regards de tous, c'est notre premier iceberg (1) ; il est classique, tabulaire dans toute sa pureté de forme, aux angles bien droits comme taillés à l'équerre. Tous près de la terre, probablement échoué sur quelque banc de roche, cet énorme cube de 30 ou 40 mètres en dehors de l'eau est incliné, et la teinte blanc bleuté de ses

---

(1) *Iceberg.* — Par iceberg, nous entendons une masse considérable de glace flottante détachée d'un glacier. L'icebloc, terme employé pour les petits icebergs de la Nouvelle-Zemble, désignera une masse relativement petite également détachée d'un glacier et quelquefois d'un iceberg.

parois à pic sillonnées de fentes et de crevasses d'un bleu d'outre-mer fait ressortir davantage la blancheur de son plateau, le tout se détachant sur un arrière-plan de falaises nacrées encadrées d'énormes glaciers qui descendent jusqu'à la mer. Au fur et à mesure que la brume se dissipe, l'étendue des côtes se dessine, et les derniers flocons s'arrachant aux montagnes, nous avons sous les yeux un décor trop magnifique dans sa grandeur sinistre, et il en est de l'impression que l'on ressent comme de la douleur qu'occasionne un plaisir exagéré des sens.

Nous longeons l'île Smith à quelques milles pour en contourner l'extrémité S.-W. De nombreux icebergs, tous tabulaires, sont échoués le long de la côte. A peine avons-nous doublé la pointe que d'autres, ceux-là flottants, imposants et énormes, semblent baliser la mer, qui s'étend vers le Sud; nous en comptons déjà plus de douze.

Nous gouvernons pour reconnaître les roches marquées sur la carte sous le nom de roches Williams, mais elles n'existent probablement pas (1).

Nous nous dirigeons ensuite sur l'île Low (île Basse), vaste plateau légèrement bombé, sans une saillie remarquable. C'est une croûte de neige et de glace apparaissant absolument lisse à distance et reposant sur une base étroite de rochers brun rougeâtre. De nombreux récifs en hérissent les approches dominés par les icebergs. Nous longeons cette terre en la laissant à notre gauche. La mer est absolument calme avec des reflets d'une grande douceur; la brume très élevée nous permet de voir assez loin, et le silence serait complet sans les innombrables Pingouins qui plongent autour de nous et le bruit d'échappement de vapeur ou de formidable scie circulaire que fait quelque Baleinoptère ou quelque Mégaptère en venant respirer à la surface de l'eau. Non loin de nous, sur un iceberg en dos de baleine, dont la partie supérieure est teintée de rouge-sang, une vingtaine de petits êtres noirs, triangulaires à cette distance, se promènent. Ce sont des Pingouins (2), et les taches rouges que nous apercevons également sur quelques

(1) Au retour, également par temps très clair, nous sommes repassés volontairement au même endroit, et nous pouvons affirmer qu'elles n'existent pas à l'endroit qui leur est assigné, ni dans un vaste rayon avoisinant.

(2) Nous avons conservé dans ce journal le nom de Pingouin qui est le vrai nom de ces Oiseaux qui furent appelés *Pinguinos* par les navigateurs espagnols du xviie siècle. Il n'y a qu'en français que l'on appelle à tort Pingouins des Oiseaux tout à fait dissemblables du Nord en désignant souvent ceux du Sud, les seuls vrais Pingouins, du nom de manchots.

points de l'île Low sont des Diatomées, probablement les mêmes que celles décrites par Darwin sur la neige des Cordillères, et qui apparaissent surtout sur la neige foulée.

2 Février. — A 1 heure du matin, il fait déjà clair; nous sommes dans une brume peu épaisse par calme plat. Les Balœinoptères autour de nous sont très nombreux, généralement deux par deux, passant et repassant en plongeant sous le bateau, et nous pouvons à loisir étudier tous les détails de leur structure et de leurs mouvements.

Vers 2 heures du matin, à tribord, devant une étroite fente laissée entre la surface de l'eau et la brume qui se lève, j'aperçois, rejoignant l'une à l'autre, un amas d'icebergs. Puis bientôt on distingue des rochers; c'est une île, avec — ainsi que d'habitude — des icebergs échoués sur les bas-fonds; peu à peu elle nous apparaît assez vaste avec un haut sommet arrondi, le tout bien entendu entièrement couvert de neiges, de glaces et, ici et là, une rare tache brunâtre, due à la saillie de quelque rocher. Nous en faisons le tour. Les côtes sont partout extrêmement abruptes, tantôt formées par le glacier même descendant comme une falaise de verre dans la mer, tantôt par des rochers déchiquetés, trop à pic pour permettre à la neige d'y séjourner. Ces rochers, dont quelques-uns très élevés, forment de grands promontoires à la crête aiguë et dentelée. La longue houle de la mer, cependant bien calme aujourd'hui, brise sur la côte avec violence.

Les grandes éclaircies de brume nous permettent de distinguer maintenant dans le Sud une quantité d'îles ou de caps saillants séparant de vastes baies encombrées d'icebergs et de rochers. L'île que nous contournons est Hoseason, et nous ne sommes pas loin de l'entrée N.-E. du détroit de Gerlache, sur la côte N.-W. de l'archipel de Palmer, dont les contours n'ont jamais encore été relevés, et nous allons pouvoir commencer à exécuter la première partie de notre programme. Ce n'est pas la moins importante : cette région a été et peut être encore fréquentée davantage par les pêcheurs de Phoques ou de Baleines ; ces terres sont le point d'atterrissage de toute expédition dans cette partie de l'Antarctique; c'est donc œuvre incontestablement utile que nous allons essayer d'accomplir. L'iceblink, ce reflet blanc particulier caractéristique de toute étendue un peu vaste de neige ou de glace, nous indique les terres dont nous ne distinguons plus les contours, comme l'île Smith et l'île Low. Les icebergs ne nous gênent pas, ils ne sont pas nombreux au large, et nous n'avons qu'à éviter quelques gros débris, peu dangereux avec la mer calme dont nous bénéficions pour le moment.

L'après-midi, la neige tombe en abondance par petits flocons serrés. A 9 heures du soir, un des tubes de la chaudière bâbord vient de crever. On stoppe pour le tamponner, mais on s'aperçoit que tous sont plus ou moins bouchés. Dans ces conditions, avec une seule chaudière allumée, nous gouvernons à peine.

3 Février. — Calme, brume et tombée de neige.

La brume épaissit davantage, et il tombe fréquemment de la neige. Le silence est absolu et imposant. Beaucoup de tout petits débris d'icebergs passent le long du bord; quelques-uns, usés par la fonte et par leurs mouvements perpétuels dans la mer, affectent des formes bizarres, souvent élégantes.

A 4 heures du soir, nous voyons la terre devant, à deux encablures à peine avec des cailloux où la mer brise.

Le thermomètre est descendu lentement, et une petite brise d'W.-S.-W. qui se lève nous permet de nous écarter de la terre. Le calme revient de nouveau; les Mégaptères et les Baleinoptères sont toujours nombreux autour de nous. Nous cherchons à en déterminer les espèces avec l'espoir de trouver une Baleine franche. En effet, la question de Baleine franche dans l'Antarctique est très controversée et cependant importante à résoudre, étant donnée l'énorme plus-value commerciale de celle-ci. Racovitza affirme qu'il n'y en a pas, mais J. Ross a affirmé le contraire, et Larsen, dont l'opinion en pareille matière surtout n'est pas à dédaigner, m'a dit qu'il croyait très fermement en avoir vu.

Chez quelques-unes, nous ne constatons pas tout d'abord l'aileron, caractéristique des Baleinoptères, mais il nous est facile de nous rendre compte que cela provient de la façon dont elles plongent, et qui a été si bien décrite par Racovitza.

En dehors des Pingouins, les Oiseaux sont nombreux autour de nous : Damiers, Procellaires et Mouettes. Celles-ci suivent certains Baleinoptères et s'abattent sur les taches huileuses qu'elles laissent en plongeant où elles trouvent probablement de la nourriture.

4 Février. — Brise légère et temps clair; nous retrouvons nos terres de l'avant-veille et nous pouvons reprendre l'hydrographie. L'aspect des côtes est à peu près partout le même, les débarquements sont impossibles, sauf sur des roches isolées où la grosse houle persistante de l'W. détermine d'ailleurs de forts brisants. Toutes les pentes aboutissent à d'imposantes et magnifiques chaînes de montagnes, dont les sommets dépassent 1 000 et même 2 000 mètres. Tout est blanc, c'est à peine si, de temps à autre, on distingue un *nunatak* (1).

Nous avons reconnu une échancrure étroite encombrée de récifs et d'icebergs, évidemment l'ouverture vers le large du chenal qui sépare l'île Liège de l'île Brabant, puis une vaste ouverture, très probablement la baie de Dallmann, qui se continue par le chenal de Scholaert. Nous allons aller à la recherche d'un abri que nous a signalé le commandant de Gerlache dans la baie des Flandres.

5 Février. — Grains de neige et brume, coupés par des éclaircies. A la tombée de la nuit, nous gouvernons sur une grande ligne d'icebergs au large d'un cap. Il nous faut dans la nuit passer tout près de trois de ces monstres de glace; l'un d'eux, d'une hauteur formidable, a l'aspect d'une immense bastille avec des meurtrières et même une porte ogivale et, bien que la nuit soit assez sombre, il en émane comme une sorte d'atmosphère bleutée et lumineuse.

6 Février. — Le temps clair nous permet de doubler le cap; mais le vent, à 8 heures, souffle très fort de l'W., amenant de gros grains de neige; puis le vent halant subitement, le S.-W. nous amène un temps magnifique avec un ciel remarquablement pur; les brisants succèdent aux brisants; nous parvenons cependant à les contourner et à nous rapprocher de la côte. Un grand cap, le cap Albert-de-Monaco, s'avance dans la mer, limitant au nord une large ouverture, l'entrée S.-W. du détroit de Gerlache. C'est un décor merveilleux; partout de hautes et formidables chaînes de montagnes, dont la blancheur éclatante fait ressortir

(1) On appelle *nunatak* une roche ou un amas de roches faisant saillie au-dessus d'un glacier ou d'un névé.

Expédition Charcot.

davantage les quelques roches aux falaises dénudées, aux teintes noires ou rougeâtres; les glaciers et les icebergs plus rapprochés de nous passent par toutes les nuances de bleu, depuis l'azur le plus pâle jusqu'au bleu de Prusse.

Nous avons devant nous un vaste estuaire (1), aux échancrures nombreuses, mais avec l'atmosphère pure et particulière à ce pays; tous les caps, promontoires, chaines de montagnes paraissent comme sur un même plan, et l'appréciation des distances devient absolument impossible à l'œil.

Le cap Albert-de-Monaco, sur lequel nous gouvernons, est une énorme langue de glace recouverte de névé, de plusieurs kilomètres de longueur, qui monte en pente douce depuis la mer jusqu'aux premiers contreforts d'un massif de 2 500 mètres de hauteur, nommé le mont William et découvert par Biscoë, le 21 février 1832. Cette langue de glace est légèrement arrondie sur son plan supérieur, mais se termine dans la mer par des falaises déchiquetées et crevassées de plus de 30 mètres de hauteur à pic ou surplombantes, aspect prédominant de toutes les côtes de ces régions.

Beaucoup de très grands icebergs tabulaires, — j'en compte plus de quarante, — sont groupés près d'une sorte d'entrée formée d'un côté par des îlots bas et rocheux et des récifs dépouillés de neige. Nous nous engageons entre les icebergs, gouvernant dans les corridors étroits qui, quelquefois, n'ont pas plus de quatre ou cinq fois la largeur du « Français » et dont les parois lisses dépassent de beaucoup la hauteur de notre grand mât. La transparence de l'eau, absolument tranquille, nous permet de suivre à perte de vue ces parois bleu pâle s'enfonçant dans le bleu foncé de la mer.

Maintenant, c'est dans une passe de récifs qu'il nous faut naviguer, dont ceux près de terre sont surplombés par la falaise de glace.

Il y a ici de nombreuses petites baies qui fourniraient peut-être de bons abris. Une grande baie, à laquelle on aboutit par un chenal étroit,

---

(1) Cet estuaire, entrée S.-W. du détroit de Gerlache, n'est autre, comme nous avons pu le prouver dans la suite, que le détroit de Bismarck, découvert par le baleinier allemand Dallmann en 1873.

semble découpée dans le glacier même, mais elle est encombrée de gros glaçons.

La houle a cessé, les cailloux à fleur d'eau sont à peine signalés par des remous; de la hune, nous gouvernons en veillant le fond, dont nous ne voyons que trop souvent les roches jaunes arrondies et lisses remonter brusquement, comme si définitivement elles voulaient nous barrer la route (1). Nous arrivons cependant sans toucher à l'entrée même du détroit ; nous distinguons la pointe avancée de l'île Wiencke, terminée par le cap Herrera, dont les montagnes noires, triangulaires et rocheuses, sont couronnées et striées d'étroits glaciers. A sa gauche, on devine le chenal de Roosen; à sa droite, le détroit à proprement parler et, dans le Sud, entre une île aux sommets très élevés, l'île Wandel (2) et un énorme cône noir, amer de géants, une fente qui doit être le chenal de Lemaire ; enfin, vers le large, un dédale d'îles basses, calottes de neige dont la régularité de forme frappe encore davantage, environnées qu'elles sont par des centaines d'icebergs usés et brisés en silhouettes étranges et irrégulières. L'entrée du détroit est encombrée de glaces, de floes lâches, faciles à écarter.

C'est maintenant une bande de plus de cinquante Phoques qui nagent et évoluent autour du bateau, nous regardant curieusement, s'accrochant même par leurs nageoires au rebord de notre soufflage ; on dirait qu'ils veulent monter à l'abordage, et ils restent ainsi pendant longtemps jusqu'à ce que, subitement, une grande Baleine, avec sa placidité majestueuse, surgit en soufflant au milieu d'eux, les dispersant comme si elle était venue les gourmander de leur mauvaise tenue et de leur malhonnête curiosité vis-à-vis d'étrangers.

7 Février. — Dès 2 heures du matin, le temps s'annonce très clair ; nous nous mettons en route pour la baie des Flandres, espérant y trouver

---

(1) C'est évidemment ici (Hamburg Hafen, dans les îles Rosenthal) que Dallmann aborda le 8 janvier 1874, et la description qu'il donne dans son journal de bord est des plus caractéristiques.

(2) Les travaux de notre Expédition ont permis d'identifier l'île Wandel avec l'île Booth, nom donné par Dallmann en 1873. Il en est de même pour les îles Hovgard et Lund, qui s'appelaient Krogmann et Petermann. Il conviendrait donc de rendre leur nom primitif à ces îles, et c'est ce que nous avons fait sur la carte ; mais, dans le courant de ce récit, nous conserverons le nom de Wandel, qui a été si souvent prononcé qu'un changement pourrait prêter à confusion.

un abri qui nous permette de faire les réparations qui deviennent de plus en plus urgentes.

L'estuaire est encombré de *floes* (1) et icebergs, et il en est de même vers le large ; c'est à peine si nous pouvons distinguer l'étroit chenal par lequel nous sommes arrivés hier.

Nous commençons alors une navigation vraiment passionnante, cherchant les quelques chenaux libres ou à peu près, les points faibles de la glace, quelquefois l'attaquant de vive force, avec notre puissant avant, écartant ou chavirant les gros blocs plats, d'autres fois grimpant dessus, et par le poids du bateau déterminant une fente qui gagne en serpentant et nous permet d'écarter et de passer à travers les deux morceaux séparés de l'obstacle. Les commotions sont parfois très violentes et font vibrer toute la mâture.

Le soleil est extrêmement chaud et vif, et plusieurs d'entre nous attrapent un bon coup de soleil !

En arrivant à l'entrée de la baie des Flandres, les glaces deviennent moins compactes, et les floes sont remplacés par des icebergs nombreux ou des débris de ceux-ci, entre lesquels il est facile de se diriger.

Toute la côte que nous longeons n'est formée que d'énormes glaciers plus ou moins inclinés, mais se terminant dans la mer par l'éternelle falaise à pic ; quelquefois la glace est remplacée par des rochers lisses et nus, toujours aussi inabordables et n'offrant nulle part le moindre abri.

Nous voici dans la baie des Flandres même ; c'est une vaste échancrure dans les montagnes où s'ouvrent cinq petites baies secondaires dans lesquelles descendent de magnifiques glaciers, bavures du névé qui couvre uniformément toutes les hauteurs, séparés ou canalisés par des avancées rocheuses verticales et par de grands mouvements de terrain.

Tout le fond de la baie, presque la moitié de son étendue, est couvert d'une grande et épaisse banquise où dorment des Phoques en quantité considérable, qui de loin ressemblent à des Sangsues sur un drap blanc.

---

(1) On appelle *floe* un morceau détaché de glace de mer de dimensions assez grandes.

Nous parcourons tout le front de cette banquise ; de très nombreux icebergs remplissent la baie, surtout actuellement dans la partie Nord. Les fonds sont partout considérables et rocheux ; il n'y a que dans la partie Sud, tout à fait contre la falaise, près d'une grande pyramide de neige et de glace détachée de la côte, que, presque brusquement, ils remontent de 40 mètres à fleur d'eau ; quelques têtes de rochers émergent même.

Ce que nous avons de mieux à faire est de tâcher de gagner le chenal de Lemaire ; peut-être serons-nous plus heureux dans le groupe d'îles qui le limite sur le large. Nous repartons, suivant toujours la côte, fouillant les plus petits coins. Nous parvenons ainsi presque à l'entrée du chenal, mais le vent debout se met à souffler très fort, et, avec le peu de pression que nous pouvons tenir, il est impossible d'aller de l'avant. La journée s'avance, les glaces sont menaçantes, nous n'avons qu'à revenir à la baie des Flandres et à attendre le lendemain.

Enfin, lentement, bien lentement, nous arrivons à la moraine déjà examinée le matin. Nous serons ici abrités des vents d'W. et de S., mais la baie est largement ouverte à tous les autres vents, et il n'y a pas la moindre tenue pour nos ancres ; la falaise au pied de laquelle nous sommes est couronnée d'une haute croûte de glace aux blocs fissurés, branlants et menaçants.

8 Février. — Il faut que nous restions ici bon gré, mal gré, au moins dix jours pour nettoyer les chaudières et réparer un peu le condenseur ; de très bon matin nous partons en exploration.

Il y a sur la glace plus de 1 mètre de neige molle, dans laquelle nous enfonçons, et marcher sans raquettes est impossible. Les chiens qui nous accompagnent sont néanmoins dans la joie de pouvoir un peu dégourdir leurs pattes. Il neige sans discontinuer par gros et larges flocons.

Notre exploration du moment est peu instructive, car il neige tellement que nous ne voyons rien la plupart du temps. Dans les éclaircies, nous nous rendons compte cependant que le fond de la baie est extrêmement éloigné et que notre banquise est mamelonnée par place. Il s'agit évidemment d'une accumulation de floes, de débris d'icebergs et même d'icebergs, comme l'indiquent des sortes de collines qui soulèvent la plaine blanche, le tout soudé ensemble et uniformisé par les grandes tombées de neige. A quelque distance des falaises à pic, s'ouvrent de larges fentes irrégulières formant de grandes courbes, à concavité vers le large et remplies de blocs épars ou à moitié soudés, quelquefois serrés et dressés les uns contre les autres en amas chaotiques. Nous sondons à travers l'une d'elles, et, tout près de la côte, nous ne trouvons pas moins de 38 mètres de profondeur. Il n'y a décidément dans le voisinage, comme terre ferme où on puisse mettre le pied, que cette moraine près de laquelle se trouve le bateau, recouverte presque en entier par le grand cône de neige, et sur laquelle un campement est à peu près impossible à établir.

Les hommes travaillent en bas, sans discontinuer, la plupart du temps couchés ou accroupis dans l'eau glacée de la cale; c'est un métier très pénible, mais ils le font gaiement, et on entend plus de chansons et de boutades que de murmures.

Nous avons vu sur la lisière de la banquise un Phoque de Ross tout à fait typique; il nous a même gratifié de ce chant qui lui a fait donner par Racovitza le nom d'*Ommatophoca*.

9 Février. — Il fait toujours calme; un véritable cortège d'icebergs passe et repasse devant nous, mais il semble qu'un remous de courant les éloigne du coin où nous sommes, et, tant qu'il n'y aura pas de vent, nous pouvons espérer être en sécurité.

Dès le matin, je fais installer sur la glace, à une centaine de mètres du bateau, une de nos tentes disposée pour les observations magnétiques, c'est-à-dire en supprimant la plus petite parcelle de fer, qui pourrait faire dévier l'aiguille, Rey désirant commencer ses observations; mais la houle, dont nous ne nous apercevons guère, se fait sentir sur l'aiguille aimantée; d'ailleurs, à midi, de longues et larges fentes se produisent dans la glace, et il faut évacuer en toute hâte en se livrant à des exercices de steeple-chase pour sauver toute l'installation. Du même coup le bateau ne se trouve plus amarré qu'à des blocs détachés; il faut changer les ancres à glace et les porter plus loin.

Le vent se met à souffler par grosses rafales du N.-W.; nous sommes heureusement bien abrités par la terre de ce côté, et nos amarres frappées sur les deux roches tiennent bon ; mais il doit faire gros temps dehors, car la houle est forte et la banquise se fend de plus en plus.

La baie tout entière s'encombre de glaces, mélange de floes et d'icebergs.

10 Février. — La baie s'encombre de plus en plus, et il neige toujours. Nous avons fait des sondages dans la glace, à une centaine de mètres du bord, avec la sonde géologique, et à 4 mètres nous n'avions pas encore trouvé l'eau.

11 Février. — Les glaces entrent et sortent de la baie, y entrent surtout, et, avec le vent de N.-W. qui soufflait encore très fort ce matin, elles ont été s'accumuler dans le fond opposé à notre mouillage. Il y a là des morceaux énormes, de vraies îles dont quelques-unes aux formes étranges ; si notre bateau était là-bas, il serait en miettes. La grande banquise qui tient à la côte se disloque toujours par larges morceaux.

Le glacier derrière lequel nous sommes s'effrite également ; des avalanches de gros blocs tombent à la mer avec des bruits de coups de canon, soulevant de grandes ondes qui nous font rouler ; mais heureusement ce glacier n'est pas une fabrique d'icebergs, et les blocs éclatent et tombent au pied même de la falaise. Il vente, et la neige fondue alterne avec les gros flocons. A l'air, il y a $+$ 2° à $+$ 3° et $-$ 1° dans l'eau. L'humidité partout est terrible ; le bateau suinte comme une éponge.

12 Février. — A 3 heures du matin, toutes nos ancres à glace étaient en dérive, et le vent qui soufflait très fort de l'W. tourne au S.-E. Le bateau, que retiennent seules les amarres de l'avant, évite et, se trouvant ainsi l'arrière sur les petits fonds, se met à talonner fortement ; à grand'peine nous remettons les ancres sur de la glace solide et souquons les amarres. Ce vent, qui est le plus mauvais pour nous, chasse les glaces de notre côté, et elles s'avancent menaçantes quand, heureusement, continuant à tourner, il arrive au Sud, et nous sommes ainsi hors de danger. Il ne souffle plus alors qu'une toute petite brise amenant enfin un ciel clair et un beau soleil.

Nous armons la baleinière et nous essayons de gagner les îles Mourcau, mais nous ne pouvons franchir la barrière de flocs et d'icebergs accumulés, et nous devons nous contenter de faire un tour d'horizon, quelques sondages avec la petite machine Thoulet, et des photographies.

La journée se passe ainsi à travailler. La soirée est magnifique, calme absolu et ciel sans nuages ; les étoiles sont extraordinairement brillantes ; les contours de la baie apparaissent comme un décor d'argent dans un pays de féeries ; il gèle entre — 3° et — 4°. Autour de nous, le souffle de quantités de Baleines et de Phoques avec le grand bruit de roulement des avalanches rompt le silence de cette superbe nuit.

13 Février. — Le temps est toujours magnifique ; la baie étant un peu déblayée, nous allons en you-you jusqu'aux îles Moureau, où nous abordons cette fois facilement après une heure de nage. Ce sont deux élévations formées de roches moutonnées couvertes d'une haute calotte de glace et réunies par une sorte de plage de gros galets en grande partie couverte de plus de 1 mètre de neige. Nous débarquons sur les grosses roches et faisons en peu de temps une ample moisson d'Oursins, d'Étoiles, d'Anélides, de Crustacés, etc., et nous rapportons deux jolis Pétrels des neiges.

14 Février. — Temps magnifique. Tout de suite après le déjeuner, je chausse les skis, et avec Matha nous nous mettons en route pour le fond de la baie.

La banquise est d'abord extrêmement plate ; mais nous rencontrons bientôt de larges crevasses irrégulières qu'il faut traverser, ce à quoi nous parvenons grâce à nos skis, qui servent de véritables passerelles, et nous nous tirons d'affaire sans prendre de bain.

Nous passons non loin d'énormes icebergs tabulaires, englobés dans cette glace et qui, à distance, nous semblaient comme une prolongation du glacier, alors que celui-ci est encore extrêmement éloigné, et nous tombons au milieu d'une bande de plus de cinquante Phoques couchés paresseusement au soleil. Ce sont des Crabiers et des faux Léopards. Isolés ou groupés par deux ou trois, vautrés sur le dos ou sur le ventre, ils dorment, s'étirant de temps à autre voluptueusement, changeant de position sans se réveiller, ou se grattant lentement avec leurs pattes-nageoires, en poussant de gros soupirs de satisfaction. Leurs poils lisses luisent au soleil, et les Crabiers semblent en vieil argent. C'est à peine, quand nous les touchons, s'ils daignent lever la tête et ouvrir leurs yeux ronds de Sphinx pour nous regarder. Puis, comme nous ne les intéressons guère, ils reprennent leur somme. Si nous insistons beaucoup de la pointe de nos bâtons, en grognant comme un dormeur que l'on dérange, ils changent de place avec mauvaise humeur et finissent par ouvrir leur gueule, nous montrant deux rangées de petites dents de scie, soufflant des injures qui peuvent être des gros mots, mais ne ressemblent guère à des menaces. Nous laissons ces paisibles compagnons à leur farniente, et nous continuons notre route, maintenant sur une glace soulevée comme par une grosse houle figée.

Pendant les heures qui suivent, ce sont de courtes ascensions, puis de brusques et souvent trop rapides descentes se terminant par des chutes grotesques. Nous sommes bien engagés dans la petite baie au fond de laquelle s'élève le glacier, mais nous avons été trompés sur la distance, et il faudrait encore plus d'un jour pour arriver au pied de ces marches de géant, qui, vues d'ici, semblent bien difficiles à escalader. L'endroit est propice pour un tour d'horizon, et Matha se met au travail.

15 Février. — La neige tombe sans discontinuer ; le temps est affreux et on ne peut rien voir devant soi. Matha, qui n'a pas voulu mettre de lunettes fumées hier, est atteint d'ophtalmie des neiges ; le pauvre malheureux souffre abominablement et doit rester dans l'obscurité.

16 Février. — Mardi Gras ! La journée est maussade par ce temps de neige, et nous nous contentons de nos déguisements polaires ; faute d'œufs, nous ne mangerons même pas de crêpes.

Les icebergs continuent à entrer et à sortir sans nous approcher ; de gros morceaux de la banquise se détachent continuellement, et du glacier auprès de nous de grands clivages se font avec un énorme fracas.

17 Février. — Les yeux de Matha vont bien, mais Pléneau est atteint à son tour, heureusement assez légèrement. Nous prenons quelques températures d'eau de mer, et nous faisons des sondages dans la baie.

18 Février. — Les feux sont allumés, mais à peine y a-t-il de la pression que quelques tubes tamponnés dans la chaudière tribord se remettent à fuir. On vient bientôt me prévenir qu'on ne peut les détamponner. Je me mets moi-même au travail, et j'arrive à en faire détamponner deux; les autres sont arrangés le mieux possible.

Matha et Gourdon sont retournés aux îles Moureau et, le soir, nous avons enlevé le marégraphe enregistreur, qui, pendant tout ce temps, a parfaitement bien fonctionné sur son rocher.

19 Février. — Départ de la baie des Flandres.

L'hiver a dû être dur, ou bien ce sont les vents persistants du N.-E. qui ont accumulé flocs et débris d'icebergs soudés ensuite par une forte gelée tardive. Le tout égalisé par les grandes tombées de neige aura formé cette banquise côtière qui, ainsi que nous avons pu le constater, avait par endroits plus de 4 mètres d'épaisseur. Les grandes fentes irrégulières et chaotiques qui suivent les contours de la baie et de ses annexes proviennent des mouvements de marées, et les ondulations que nous avons comparées à de la houle figée sont simplement dues à l'action du vent dominant sur la grande plaine de neige épaisse.

En somme, la débâcle de cette banquise côtière ne faisait guère que commencer et, pour admettre qu'elle puisse s'achever complètement avant l'hiver qui vient, il faudrait que l'automne soit particulièrement doux et la houle fréquente pour continuer le morcellement auquel nous avons assisté.

Bien que la « Belgica » soit venue ici en 1898, le 11 février, c'est-à-dire à la même époque que nous, les conditions étaient toutes différentes; aucune glace, en dehors de quelques floes et icebergs, n'ayant été rencontrée par le navire qui put faire tout le tour de la baie. C'est une leçon à retenir, car nous eût-on signalé un point d'hivernage pour le bateau au fond d'une des petites baies, que nous n'aurions pu en profiter cette année.

L'appareillage a été difficile; le vent très frais de S.-E. nous collait contre la banquise; mais, en nous servant de celle-ci comme d'un quai et de nos ancres à glace comme de bittes, nous sommes parvenus à « éviter » sans avarie et à nous mettre en route.

Il nous faut faire un long détour pour contourner la grande quantité de glaces flottantes qui encombrent la baie ainsi que les énormes icebergs; puis nous longeons la côte, qui est toujours aussi peu hospitalière, formée par un vaste front de glacier qui semble prêt à délivrer de monstrueux cubes, qu'une gigantesque scie aurait débités dans cette carrière de Titans.

Nous gouvernons sur l'île Wiencke, où nous avons promis de laisser un cairn, et dont nous allons achever le tour complet en passant par le Nord. En traversant le détroit de Gerlache, le vent d'Ouest se met à souffler fort ; la mer est un peu clapoteuse, mais surtout le temps devient bouché, et ce n'est que tout à fait contre l'île Wiencke que nous apercevons sous la brume quelques mètres du pied de l'immuable falaise de glace qui la borde dans toute l'étendue faisant face au détroit. La neige tombe de nouveau, mais, comme nous ne cherchons qu'un coin favorable pour placer notre cairn, ce que nous pouvons voir nous suffit amplement pour le moment. A 7 heures, nous sommes à la pointe Nord de l'île, où quelques récifs avancés permettraient peut-être de le dresser. Cependant il risquerait trop d'être caché par les icebergs, qui paraissent s'accumuler assez volontiers à cet endroit, et il devrait également subir les furieux assauts des tempêtes de N.-E. Cherchant avec soin notre route au milieu des récifs nombreux, nous nous engageons dans le chenal de Roosen, et la nuit s'annonce calme. Vers minuit, Matha m'envoie réveiller ; il fait aussi noir que dans un four ; le vent debout, par lourdes rafales, chasse un grésil aveuglant. C'est à peine si nous pouvons constater que nous sommes entourés d'icebergs qui passent près de nous comme de grands fantômes blancs. Malgré tous les efforts de notre machine, nous n'étalons pas, et le bruit des brisants s'ajoute aux clapotis des lames courtes au pied des glaces flottantes. Avec de grandes précautions, avec une grande chance surtout, nous virons de bord, et, refaisant le chemin parcouru pendant ces dernières heures, nous retrouvons un peu de calme dans le détroit plus large.

A 4 heures du matin, nous avons été fortement dépallés, et je ne sais plus du tout où nous sommes, malgré le temps calme et très clair. Nous mettons le cap au Sud longeant la côte ; bientôt, dans un dédale d'icebergs, un banc de brume nous enveloppe et, quelques heures après, alors que je me croyais dans le détroit de Gerlache, nous nous trouvons dans le chenal de Roosen, en face d'un petit canal marqué en pointillé sur la carte de la « Belgica ». Je m'y engage, et nous passons ainsi entre une grande et haute île rocheuse en forme de cône, sur les bords abrupts de laquelle perchent des Cormorans et un magnifique glacier qui teinte l'eau d'un bleu azuré et la couvre de débris de glace. Nous relevons ce canal et reprenons notre route ; le temps redevient décidément très beau et, vers 3 heures, nous finissons par découvrir, sur la côte de l'île Wiencke, un peu en avant d'une petite baie dont les bords rocheux sont relativement plats et dégarnis de neige sur une assez grande étendue, un petit îlot qu'il est impossible de ne pas voir lorsqu'on s'engage dans le chenal de Roosen. C'est enfin l'endroit tout indiqué pour placer notre cairn.

En continuant, nous entrons dans un nouveau chenal qui devient à peu près parallèle à celui de Roosen, après un coude brusque, et dans lequel nous nous engageons suffisamment pour constater qu'il va s'ouvrir dans le grand estuaire, près de la pointe Sud-Ouest de Wiencke, détachant ainsi vers le Nord une seconde île assez vaste. Sur la gauche de l'entrée de ce chenal, s'ouvre une baie formée par une falaise de glace que continue une vaste étendue de roches nues, couvertes de Pingouins et de Cormorans et protégée par une ligne de récifs qui ne s'interrompt que pour laisser un passage étroit et tortueux, où nous entrons. Nous faisons le tour de cette baie, nous y trouvons de 10 à 20 mètres de profondeur, fond de vase, paraissant offrir une bonne tenue et un excellent mouillage pour plusieurs bateaux. Après avoir débarqué Matha et Rallier du Baty, qui vont faire de l'hydrographie, je retourne dans le chenal de Roosen, à l'îlot désigné, où nous plantons, solidement maintenu par des haubans en fil d'acier galvanisé, une perche de 6 mètres de haut munie d'un voyant. Nous fixons sur cette perche une bouteille bien cachetée renfermant un document dans un cylindre en fer-blanc.

A 7 heures, nous rentrons de nouveau dans notre baie, et nous mouillons par 10 mètres. Nous nous mettons immédiatement à examiner notre port, tout en ramassant ce qui nous tombe sous la main pour nos collections. Un petit chenal conduit le long de la terre à une sorte de baignoire creuse où on pourrait loger le bateau. C'est, en somme, un excellent endroit pour s'abriter et effectuer quelques réparations. Nous lui donnons le nom de Port-Lockroy.

Avec la ressource des nombreux Phoques, Pingouins et Cormorans, il serait même possible d'hiverner là. Cependant, pour nos travaux, on y est trop abrité ; les observations météorologiques s'en ressentiraient forcément et, d'autre part, notre champ d'excursions serait très limité.

Le bateau mouillé sur l'ancre de tribord, l'autre parée et une amarre à terre par précaution, une visite à notre première rockerie de Pingouins s'imposait. Alors même que nous ne les aurions pas vus, la présence de ces aimables bêtes se manifeste suffisamment à l'odorat et à l'ouïe.

L'endroit où nous débarquons est un amas de roches taillées en grandes marches aux parois lisses, dégarnies en grande partie de neige. Ces roches, dans leur ensemble, forment un éperon dont la pointe se continue par une série d'îlots et de récifs réunis par des bas-fonds rocheux qui ferment notre rade du côté du chenal, et dont la base sort du glacier qui recouvre l'île Wiencke.

De son extrême pointe et d'un îlot voisin, partent des sons graves différant du bruyant caquetage des Pingouins, produits par de fort élégants Cormorans, qui ont établi là leur village ; ils sont jolis, pacifiques et vivent dans l'intimité et la concorde avec les Pingouins, qui couvrent le reste des rochers.

Une visite en canot autour de notre rade nous permit de rapporter une ample récolte d'Algues et d'Anémones, et nous croisons quantité de Pingouins qui reviennent par bandes de la pêche, rapportant la nourriture à leurs petits, tandis que les nourrices sèches, relevées de leur surveillance journalière, partent à leur tour chercher leur propre repas.

21 Février. — Le temps est clair et beau, mais il souffle une brise de S.-E. assez forte, et il fait froid. Nous appareillons à 4 heures du matin et quittons sans difficultés notre port. — Après avoir hésité à gagner l'estuaire par le petit chenal ou par le chenal de Roosen, nous nous décidons pour ce dernier, car notre navigation d'hier nous a déjà renseignés suffisamment sur le premier.

A 9 heures, nous sommes au sud de l'île Wiencke, lorsqu'un tube déjà tamponné de la chaudière bâbord fuit et éteint les feux ; avec une seule chaudière, sans vitesse, nous gouvernons mal au milieu des grands floes, qui sont abondants dans l'estuaire, et la situation devient même assez grave, car nous ne pouvons, avec le vent qui règne, revenir en arrière, et devant nous les glaces semblent épaissir. Nous partons cependant pour le chenal de Lemaire.

Nous laissons ainsi à notre droite l'archipel indiqué par Dallmann, auquel la « Belgica » a donné le nom de Wauwermanns, mais trop hâtivement placé sur la carte. Il est formé en réalité d'un chapelet considérable de petites îles en calotte de neige et de glace, ou plutôt en demi-calottes de tailles différentes, quelques-unes minuscules, mais d'aspect identique, mamelons arrondis en pente douce au N.-E., mais en falaise abrupte légèrement concave au S.-W., comme une cassure brusque et qui semble bien indiquer que les vents dominants et violents doivent provenir du N.-E.

Le cap Renard, déjà vu précédemment, et une série de formations granitiques du même genre, sortes de menhirs naturels et gigantesques, tous coiffés d'un petit bonnet blanc, limitent l'entrée du chenal à gauche, tandis qu'à droite l'île Wandel, triangle de granit et de pyrite rouge à large base, s'élève majestueuse.

Dans le chenal, en effet, tout près de la côte de la Terre de Danco, il n'y a plus que des petites brises folles sans importance et bientôt, la réparation heureusement terminée, avec nos deux chaudières allumées, nous faisons bonne route dans un paysage admirable. Le chenal est extrêmement étroit, les grandes dents noires qui forment le cap Renard et ses annexes, et qui se dressent en un mur vertical à près de 700 mètres de hauteur, laissent entre elles des fentes comblées d'un chaos de névé et de glaces aux larges fendillements irréguliers et bleus. Puis ce sont des baies où s'écoulent de monstrueux glaciers en amphithéâtres, et de nouveau des murs de glaces alternant avec des falaises rocheuses et de rares pentes douces, portions de moraines découvertes où nichent des Cormorans, où s'agitent des Pingouins.

De l'autre côté, le mont Lacroix, massif Nord imposant de Wandel, descend à pic dans la mer et envoie vers le Sud un glacier chaotique qui rejoint, formant une véritable muraille de quelques kilomètres de longueur et d'une trentaine de mètres de hauteur, un autre glacier provenant du massif Sud de la même île, plus élevé et plus important que le précédent, mais de même aspect général. Les deux rives du chenal confondent presque le reflet de leurs sommets dans les eaux maintenant calmes et transparentes, aux teintes vert foncé, moirées par la réflexion des taches blanches de la neige, du bleu des glaciers, du rouge et du noir des rochers, de l'azur immuable et pur du ciel. De gros glaçons, des icebergs poussés par un courant assez fort viennent majestueusement au-devant de nous; l'un d'eux, percé par une arche profonde, semble un arc de triomphe pour une Amphitrite merveilleuse.

Dans le Sud, au fur et à mesure que nous avançons, le chevauchement des terres et des îles semble fermer complètement l'étroit chenal, et une grande ligne blanche hérissée d'inégalités ne nous montre que trop les glaçons, qui, épars et faciles encore à écarter ou à éviter, sont accumulés plus loin et viennent au-devant de nous portés et roulés par un courant de trois nœuds environ. Nous allons d'une rive à l'autre, parcourant ce front mouvant, cherchant à pénétrer cette masse par une portion moins dense. Hélas! c'est une vaine recherche, et enfin, avec toute la puissance dont nous disposons, nous fonçons sur notre ennemi. Presque toute cette glace, — nous nous en rendons facilement compte à sa couleur bleue, à son aspect lisse, à sa dureté et à l'irrégularité de ses formes, — est de la glace de terre, morceaux débités perpétuellement par les glaciers, effritements des falaises, débris d'icebergs détachés par des éclatements, des chavirements ou de formidables rencontres. De loin en loin seulement, de grandes plaques plates aux bords plus réguliers, aux cassures colorées en brun par les diatomées, proviennent de glaces formées par la mer elle-même. Tout cela, entraînant d'assez gros icebergs, nous entoure maintenant et, sans se soucier de nos efforts désespérés, s'entre-choque avec un roulement sourd interrompu de temps à autre par des grincements, des sifflements, des détonations claires et sèches. Ces blocs sont si serrés que notre coque ne reçoit même pas de chocs véritables, mais nous sommes comme soulevés, tantôt par l'avant, tantôt par l'arrière, et le frottement perpétuel des blocs produit à l'intérieur du bateau comme le bruit d'un torrent. Nous gouvernons et avançons à peine; de grosses masses menacent de nous défoncer; nous sauvons avec difficulté notre beaupré, et c'est miracle si nous échappons à l'écrasement entre un iceberg et la côte. Tout le chenal est ainsi en mouvement, et, derrière les îles mêmes, à perte de vue, cette armée de glaçons, comme une foule en panique, se presse et s'écrase.

Lentement la grande falaise abrupte qui nous menace et nous domine défile devant le beaupré qui la rase à 1 mètre à peine ; aucune glace n'arrête notre arrière, et rapidement maintenant, avec le courant, nous glissons le long de cette grande muraille noire, qui, heureusement, se continue verticale à d'immenses profondeurs.

Notre but actuel est de trouver des points d'hivernage éventuels. De plus, comme nous voudrions voir si l'endroit que de Gerlache indique sur sa carte comme vaste baie ou détroit, et qui, pour lui, dans ce dernier cas, ne serait autre que le détroit de Bismarck découvert par Dallmann, est l'un ou l'autre, nous décidons de contourner Wandel et, au besoin, les autres îles qui forment le chenal de Lemaire afin de regagner la côte, plus au Sud, si c'est possible.

Sans difficulté, en évitant quelques récifs bien visibles, nous doublons la pointe N. de Wandel et nous suivons sa côte W. Du massif montagneux Sud, se détache une presqu'île où je remarque de jolies petites anses, qui, si elles sont suffisamment profondes, abriteraient très bien le bateau. Faisant suite à Wandel, apparaît Hovgard, grand mamelon arrondi entièrement blanc, qui s'élève à 400 mètres.

Au milieu de nombreux récifs, avec une attention extrême, cherchant notre route entre les icebergs gros et petits, maintenant innombrables, nous tâchons de passer d'abord entre Wandel et Hovgard ; mais un mur d'icebergs serrés les uns contre les autres, entre lesquels un canot même ne pourrait pas se faire un chemin, rend toute tentative semblable inutile. Au sud d'Hovgard, c'est à peu près le même état de choses, compliqué encore d'îlots bas et de récifs. Le mieux sera de nous amarrer, si c'est possible, dans une anse de Wandel, et, tout en faisant quelques recherches et observations à terre, nous pourrons peut-être voir la meilleure route à prendre, en grimpant sur une des collines de cette île.

Nous regagnons donc, toujours en passant au milieu des obstacles, la grande baie Nord de Wandel. Dans cette baie, actuellement sans un morceau de glace, nous trouvons des fonds de 40 mètres de roches, sans tenue par conséquent ; mais mon idée est d'amarrer le bateau dans une des petites anses qui m'avaient séduit le matin. Matha avec le you-you va opérer des sondages et fait un rapport favorable ; à l'entrée de l'anse la plus séduisante, il y a une douzaine de mètres, et le fond tout de roches monte graduellement à fleur d'eau ; nous entrons donc dans ce port naturel bien abrité de toutes parts, sauf du N.-E., et encore ne semble-t-il pas qu'une mer bien forte puisse venir de ce point, entourés de terres comme nous le sommes. En ce moment tout au moins, aucune glace volumineuse ne nous menace, et le temps est très beau.

Le bateau en sécurité, nous descendons presque tous à terre ; je monte sur une petite colline d'une quarantaine de mètres, dominant notre anse, et de cette hauteur, avec le temps très clair, je peux me rendre un compte exact de l'état de la haute mer.

On voit admirablement toute l'entrée du détroit de Gerlache, où flottent quelques glaces et quelques icebergs. L'estuaire qui aboutit à ce détroit est fermé par une énorme ceinture ou plutôt une série de ceintures concentriques d'îlots en calotte et de récifs ; ceux-ci, partant des plus extrêmes de ce qui a été appelé l'archipel Wauwermanns, vont rejoindre dans le Sud, après avoir décrit un énorme cercle, les trois îles assez importantes faisant suite à la nôtre, la plus élevée et la plus vaste de ce groupe. Dans les petits chenaux séparant tous ces îlots et récifs, tant de glaces et d'icebergs se sont accumulés que c'est à peine si l'on distingue maintenant un autre passage que celui par lequel nous sommes entrés en doublant le cap Albert-de-Monaco. Néanmoins, je relève avec soin les quelques petits chenaux qui peut-être pourraient être forcés. Derrière cette sorte de ceinture, la mer est entièrement couverte de pack-ice très dense, formant par endroits une véritable banquise qui s'épaissit encore vers le Sud, où elle se serre et se presse contre la côte. Dans ce pack-ice, les icebergs de toutes les dimensions se comptent par centaines. Quelques-uns évidemment énormes, étant donné la distance à laquelle nous les voyons, et de formes très variables, tout en dérivant pour la plupart du classique tabulaire, émergent par places des récifs qui font tache par leur couleur brun rougeâtre. Au cap Albert-de-Monaco, nous retrouvons l'accumulation des monstres qu'il nous a fallu traverser

Expédition Charcot.

précédemment pour entrer. Dans les chenaux près de terre, de petits icebergs, de formes très irrégulières, sont serrés les uns contre les autres; ils proviennent évidemment des glaciers qui se succèdent le long de la côte et qui les débitent perpétuellement. A la limite de la visibilité, une mince ligne noire dans l'Ouest et le Nord-Ouest indique la mer libre, et la ligne d'horizon elle-même est coupée et comme crénelée par les plateaux de tabulaires, monstres formidables, flottant derrière l'horizon.

De grands caps, ainsi que les bas-côtés d'un décor, puis l'île Hovgard qui succède à la nôtre, nous empêchent de voir ce que devient plus loin la côte de la Terre de Danco; mais nous relevons celle de Graham se dirigeant franchement et d'une façon continue vers le Sud-Ouest; très montagneuse, elle semble former un promontoire qui se termine par un cône élevé et régulier.

Nous décidons, malgré les mauvaises apparences, de nous lancer le lendemain dans le labyrinthe qui nous entoure, de tâcher de gagner des îles plus au Sud et d'arriver, si c'est possible, par étapes successives, sinon à trouver dans le voisinage un autre poste d'hivernage, tout au moins à inspecter consciencieusement un long ruban de cette côte inquiétante.

22 Février. — Nous appareillons de bonne heure et, malgré le rapport défavorable du mécanicien, nous entrons en pleine glace, manœuvrant perpétuellement pour éviter icebergs et cailloux. Nous nous risquons dans les chenaux étroits, veillant devant et veillant le fond, qui trop souvent est invisible sous la glace et qui, montant subitement, nous oblige à battre de l'arrière. Nous l'effleurons fréquemment, mais légèrement. A une heure de l'après-midi, il semble que nous soyons sortis du cercle d'îlots et de récifs; mais alors le pack-ice est si dense et si serré que nous ne pouvons avancer, et nous sommes forcés de nous mettre à quai le long d'une grande banquise qui, rejoignant plusieurs îlots, forme un grand mais éphémère bassin. Un étroit chenal d'une dizaine de mètres de largeur nous y a donné accès. Il gèle à — 6°; le soleil est magnifique et le temps clair.

Après une petite course sur la banquise, nous arrivons à quelques îlots élevés, du haut desquels nous avons une belle vue ; la glace, le long de la côte surtout, est désespérante ; mais celle-ci, au point de vue d'un abri quelconque, paraît si peu hospitalière que nous ne devons pas regretter de ne pouvoir l'atteindre. D'où nous sommes, il semble bien qu'il n'y ait là aucune vaste baie ni détroit ; cependant l'affirmer, même à une aussi faible distance, serait téméraire. Dans ce pays, où promontoires et caps se chevauchent, où les lois de la perspective semblent détruites, il faudrait, pour rapporter une opinion certaine, suivre la terre pour ainsi dire à son pied. En tout cas, persister dans cette direction est inutile, impossible même.

Le retour à Wandel s'effectue rapidement. Nous connaissons mieux la route, et un assez fort courant Sud-Nord facilite notre marche, surtout en entraînant les glaces dans la même direction. Le bateau est à son poste à 8 heures.

23 Février. — Le temps est magnifique ; nous passons par une série de beaux jours qui doivent être exceptionnels ; vers midi, il fait — 4°, et le soleil dans un ciel sans nuage est extrêmement chaud.

En brûlant des cadavres de Pingouins massacrés par nos chiens et de la graisse de Phoque, je fais fondre de la glace d'eau douce dans notre lessiveuse. Les Pingouins, imbibés d'huile comme ils le sont, brûlent admirablement bien, os, chair et plumes. Malgré cela, nous avons pu constater avec plaisir que les filets de ces pauvres bêtes sont excellents. Pour le Phoque comme pour le Pingouin, la graisse se trouve immédiatement au-dessous de la peau et, chez les premiers, atteint de 10 à 20 centimètres d'épaisseur ; c'est un véritable manteau dont la nature les a doués ; les muscles et autres organes en contiennent au contraire extrêmement peu. Débitée par petits cubes, elle brûle facilement, donnant une chaleur très vive, une odeur pénétrante et écœurante. Avec ce combustible improvisé, nous avons rapidement plus d'eau qu'il nous en faut pour le plein de nos chaudières et de nos caisses. Pendant que cette opération, qui amuse les hommes sans les fatiguer, se poursuit à bord, plusieurs d'entre nous grimpent au sommet d'une élévation de 200 mètres, premier gradin d'une série formant les contreforts du massif Sud de Wandel. Pour arriver au pied de cette colline, il nous faut traverser une coupure dans les rochers, étroite et extrêmement pittoresque, qui s'ouvre sur la mer et que nous dénommons de suite le défilé de la Hache, souvenir de Salammbo. Un soleil ardent et la couche épaisse de neige molle qui ne nous permet d'avancer que difficilement sur la pente, souvent très raide, rendent l'ascension pénible. A notre droite et à notre gauche, les parois sont verticales, formant ainsi de splendides précipices, rochers du côté du Nord, glace du côté Sud, dont la crête en corniche surplombe l'abîme.

Au sommet de cette colline, aplati en assez vaste plateau, nous érigeons sur de grosses roches qui sortent de la couche de névé un petit cairn qui servira pour nos observations. Vues d'ici, les anses, dont une est occupée actuellement par le « Francais », ressemblent par leurs dispositions aux baies que l'on indique en Tunisie comme ayant été les fameux ports de Carthage, et c'est ce nom que nous leur donnons provisoirement.

Pendant que Matha fait un tour d'horizon, je monte avec Pierre jusqu'à 400 mètres, suivant une crête abrupte de roches en éboulis, éclatées par les gelées, toutes vertes par l'abondance des lichens et des mousses. Nous arrivons ainsi à un nouveau sommet d'où la vue s'étend au loin. Au cône aperçu la veille dans le Sud-Ouest, succèdent des îles basses et arrondies, qui rejoignent probablement un autre cône remarquable, également régulier, très élevé, et qui tranche par sa couleur sombre.

Au large, à l'Ouest, dans la bande si étroite d'eau libre qui sépare le pack-ice de l'horizon, se distingue une toute petite île qui doit être la plus nord des îles Biscoë.

En descendant, évitant le défilé de la Hache, nous prenons pour changer une crête de névé d'une centaine de mètres de longueur, formée par les courants d'air qui s'engouffrent dans le défilé de la Hache, sur laquelle il nous faut marcher à la file indienne en faisant des prodiges d'équilibre afin d'éviter une chute désagréable, sinon dangereuse.

24 Février. — Le temps est beau, et je fais allumer les feux pour appareiller à 11 heures; tout le monde est gai à l'idée de partir, quand à 9 heures on vient m'annoncer qu'un tube tamponné de la chaudière tribord fuit! Il faut éteindre, puis la plus grande partie de la journée se passe en efforts longtemps inutiles pour détamponner, et ce n'est que fort tard que l'avarie est réparée.

Les hommes ont pris des *Chionis blancs*, vulgairement « Becs en fourreau », qui ressemblent à de gros Pigeons, avec une petite excroissance à la base du bec. Ce sont les seuls Oiseaux de l'Antarctique n'ayant pas les pattes palmées. Ils sont installés dans une caisse et paraissent heureux de la nourriture abondante qu'ils viennent prendre dans nos mains mêmes. Dès le début, j'ai prêché contre la destruction inutile, et je crois être arrivé à convaincre ceux qui m'entourent. Aussi est-il entendu que la liberté sera rendue à ces Oiseaux, s'ils ont l'air de souffrir.

25 Février. — Toujours temps calme, magnifique et clair. Nous partons et nous franchissons rapidement la première ligne de récifs situés actuellement dans une zone presque totalement libre de glaces.

La direction générale que nous prenons est Sud-Ouest, mais les tours et détours que nous sommes obligés de faire sont perpétuels, et quelquefois nous tournons en cercle avant de pouvoir gagner une centaine de mètres en avant.

Il est bien entendu impossible d'avoir un loch dehors, et, pour assurer notre route, il nous faut de temps à autre relever des icebergs qui nous servent ainsi de jalons.

Le bruit est assourdissant sur le pont, et en bas tout craque, gémit et se plaint; la mâture vibre comme les cordes d'une harpe. Le bateau avance lentement. Un choc brusque parfois nous arrête, nous fait reculer même, et ce choc cependant brutal donne une sensation de mollesse quand il est produit par de la glace de mer, alors que la commotion est dangereusement dure lorsqu'un débris d'iceberg en est la cause. Quelquefois le bateau monte doucement sur l'obstacle.

Autour des grands icebergs, surtout sous le vent, il y a toujours un espace d'eau libre qui se continue pendant une distance quelquefois assez grande se terminant en pointe. Dans ces sortes de lacs, nous naviguons momentanément sans bruit, et ce silence surprend étrangement, rompu de temps en temps seulement par une petite détonation sèche et cristalline que produit un tout petit morceau de glace transparente qui éclate. Puis nous rentrons dans le chaos, et le grand effort recommence. Le bateau est complètement entouré par les glaces ; seulement à l'arrière le sillage laisse une petite bande d'eau libre frisée par les tourbillons que provoque l'hélice, mais qui se referme, laissant bien vite la grande plaine blanche reprendre son habituelle uniformité.

Du haut de mon perchoir, j'aperçois une épaisse ligne foncée, la mer libre, et loin, très loin à l'horizon, une île toute petite arrondie comme un dos de grand Cétacé blanc. C'est la plus Nord de l'archipel des îles Biscoë ; nous la laisserons à droite, passant entre elle et les autres, beaucoup plus vastes, que nous voyons sur notre gauche. Il est déjà très tard, le jour baisse, mais les glaces sont de moins en moins serrées, et nous allons presque en bonne direction sans détours. Maintenant, les floes diminuent de volume les espaces qui les séparent deviennent considérables, et nous voici enfin dégagés.

26 Février. — Au lever du jour, une grande île, une des îles Biscoë, est à bâbord, énorme calotte basse entourée de floes serrés et d'innombrables icebergs ; une autre lui fait suite, semblable d'aspect, puis d'autres encore.

Il y a toujours de la brume, mais heureusement juste assez élevée pour nous permettre de distinguer en arrière de ce chapelet d'îles la terre avec son aspect toujours le même, hautes montagnes aux sommets couverts de neige, à la base formée de glaciers se terminant dans la mer en falaises verticales. Nous rentrons dans la glace et cherchons à nous forcer un passage pour pénétrer dans une apparence de baie que nous présente la grande île à notre gauche. Mais nous devons bientôt y renoncer ; de temps à autre, quelques têtes d'écueils menaçants qui s'étendent au loin sortent des glaces ; la baie est encombrée de grands icebergs et, vue de plus près, ne présente rien de bien attrayant, ni comme abri, ni comme facilité de débarquement. Sur une grosse roche faisant saillie, surgissant de sous la calotte de glace, perchent quelques Cormorans, et c'est tout ce qui tranche, tout ce qui remue sur cette immuable convexité blanche. La brume s'abaisse sur la terre, et nous regagnons le large pour la nuit. A 11 heures, annoncées seulement par un sourd roulement, les glaces presque subitement nous entourent ; mais il fait calme, la houle légère, les courants de surface, font remuer à peine ces morceaux, qui grincent doucement le long du bord.

27 Février. — Au matin, nous nous dégageons et, les feux allumés, par calme plat, nous nous dirigeons vers la côte, que l'on voit nettement s'étendre sans solution de continuité vers le S.-W., à perte de vue, séparée de nous par la chaîne monotone des îles Biscoë.

Après avoir navigué en mer libre, nous arrivons au pack-ice très dense, semé d'icebergs que nous gagnons les uns après les autres pour profiter de l'eau relativement libre qu'ils laissent dans leur sillage. C'est une navigation difficile et dangereuse ; nous approchons, mais la glace devient de plus en plus compacte. Malheureusement, sur la côte, l'immuable falaise de glace ne semble pas nous permettre d'espérer un coin d'abri, et nous risquons même, en nous faisant bloquer, d'être forcés d'hiverner dans la banquise et de compromettre ainsi non seulement nos travaux d'hiver, mais encore notre campagne d'été de l'an prochain. Il nous faut donc virer de bord.

Nous naviguons à la nuit tombante dans la glace, cherchant, en suivant un peu la même route, à éviter les écueils entre lesquels nous avons passé précédemment. Les chocs deviennent plus durs, malgré l'absence de vent ; une houle énorme s'est presque subitement levée ; si nous attendions sans avancer, notre bateau se mettant par le travers pourrait bien être écrasé, sans compter que cette houle succédant si rapidement au calme n'annonce rien de bon, que le ciel est chargé de nuage, le baromètre baissant rapidement, tandis que le thermomètre monte. Sur le fond noir du ciel nocturne se détache la plaine blanche, qui dans l'obscurité paraît compacte, maintenant tout en mouvement par de hautes et longues ondes, sorte de liquide solide.

Après de longues heures, nous sortons de la glace au bon moment, car le vent se met à souffler du N.-E., bien entendu debout. L'atmosphère en même temps s'embrumaille, et il tombe une sorte de neige fondue. Cela dure peu, et l'ouragan, car je ne trouve pas d'autre expression, se déchaîne implacable, inattendu, dans sa violence et sa férocité. La mer est énorme et déferle méchamment ; le vent hurle, et la brume intense, poussée par lui, est comme une masse solide qui nous frappe et nous entraîne. La neige, en petits cristaux durs et serrés, en aiguilles fines, pénètre dans notre peau, dans nos yeux, provoquant une horrible douleur, et l'effort que nous faisons pour tâcher de voir, pour ouvrir les yeux quand même, est un supplice. D'ailleurs la brume seule empêcherait la moindre vue, et ce n'est qu'au moment même où nous entendons le bruit des vagues passant sous le bateau, le frappant ou le couvrant de leurs embruns glacés, que nous les apercevons, se dressant pendant quelques secondes, pour disparaître dans les ténèbres.

28 Février. — Le vent tourne au S.-W. en mollissant, et nous en profitons pour nous rapprocher de la côte ; mais le temps est toujours bouché.

Le soir, il calmit un peu ; la nuit est relativement claire et, au lever du jour, nous voyons la terre où Matha croit reconnaître certains détails relevés précédemment.

29 Février. — Le temps est de nouveau bouché et mauvais, vent, neige, grésil et brume, mer houleuse, horriblement fatigante. Nous passons notre temps à piquer vers la terre, puis à regagner le large.

1er Mars. — A 7 heures du matin, dans une éclaircie trop fugace, beaucoup d'icebergs devant nous. Nous virons de bord, et la tempête du N.-E. reprend de plus belle ; jamais le vent n'a soufflé aussi fort, et la nuit qui suit est pénible au delà de toute expression.

2 Mars. — La brume est intense, le vent tombe, mais nous sommes abominablement secoués par le ratingage, et nous ne pouvons faire aucune route.

3 Mars. — Brume. Puis le voile se lève presque subitement, et une vingtaine d'icebergs dispersés autour du bateau se montrent et s'effacent avec les variations de la brume. Maintenant, c'est une forme noire qui se dresse devant nous, ce sont des récifs ou plutôt une petite île. Le temps claircit et, à 3 heures, le vent tombe peu à peu ; la terre est bien visible ; nous sommes où nous le supposions, et nous relevons le cap Renard, le mont William, le mont du Français.

Il faut essayer d'arriver à l'île Wandel avant la nuit en profitant de ce temps actuellement clair.

Nous allons d'iceberg en iceberg, de récif en récif ; la tempête a heureusement dispersé en grande partie le pack-ice ; mais il faut passer au milieu des brisants, et souvent nous voyons le fond jaunâtre monter menaçant. Le peu de vent qui persiste est debout et retarde notre marche si lente à cause de notre machine fatiguée.

Nuit noire ! et nous sommes si près ! Subitement, la silhouette du cap Renard se dresse sur un ciel lumineux ; une grande lueur pâle, mais vive, semble s'en détacher, et le disque magnifiquement clair de la lune apparaît, transformant ce menhir gigantesque en un phare étrange et féerique. Tout s'éclaire autour de nous. Nous naviguons sur une mer d'argent ; la neige et les glaciers scintillent comme les matières précieuses d'un monde inconnu.

Nous sommes enfin dans la grande baie où s'ouvre notre petit port, mais toutes les anses sont remplies par les glaces accumulées par le N.-E., et de gros glaçons garnissent le fond de la baie, modifiant les contours d'une façon étrange. Nous attendons dans un calme auquel nous ne sommes plus habitués le lever du jour, évitant, par quelques coups d'hélice, des icebloks, qui, lentement entraînés par le courant, se détachent de la côte et gagnent le large.

4 Mars. — A 8 heures du matin, Matha, parti dans le you-you, nous annonce que, malgré la présence de deux petits icebers, notre anse est suffisamment dégagée pour que nous puissions y pénétrer en forçant un peu contre les glaces et, une demi-heure après, nous sommes amarrés.

Une brise de S.-W. chasse les dernières glaces. Il fait beau et froid. Les Pingouins, les Cormorans et les Phoques sont toujours là. Il semble que nous rentrons chez nous.

Les glaces amenées par le coup de vent me donnent à réfléchir ; quelques-unes étaient dangereuses par leurs dimensions, et de suite je fais placer en travers de l'entrée notre drome, composée de mâts de flèche et vergues de rechange amarrés, aussi solidement que possible, par les deux bouts à des rochers. Nous améliorerons dans la suite ce barrage provisoire, mais aujourd'hui, après un nettoyage rapide, nous allons tous jouir d'un repos bien gagné.

DEUXIÈME PARTIE

AUTOMNE 1904

INSTALLATIONS ET COMMENCEMENT DE L'HIVERNAGE

5 *Mars*. — C'est donc ici que nous allons hiverner et, tout en regrettant de ne pas être plus au Sud, je suis obligé de m'avouer que nous sommes dans des conditions extrêmement favorables. D'ailleurs, malgré le long ruban de côte parcouru, nous n'avons pas trouvé d'autre point où un hivernage fût possible, sauf toutefois Port-Lockroy, dans l'île Wiencke. Mais, ainsi que je l'ai déjà dit, Port-Lockroy, malgré l'abri absolument sûr qu'il offre, et en raison même de cet abri, n'est recommandable ni pour les observations météorologiques ni pour les raids.

Ici, bien au contraire, tout, sauf le peu de protection du côté N.-E., est séduisant. Nous sommes par 65° 5' de latitude S. et 64° de longitude W. de Paris, à la limite des découvertes de la « Belgica » sur la côte W. de la Terre de Graham, dans une région où aucune observation régulière de quelque durée n'a été entreprise, à un degré plus au Sud que la station d'hivernage de Nordenskjold sur la côte Est de la même terre, ce qui ne peut que donner plus de valeur aux travaux des deux expéditions. Wandel formant une sorte de pointe avancée, nous avons presque tous les avantages de la haute mer sans les inconvénients de la banquise, et notre vue est bien dégagée, depuis le N.-E. jusqu'au S.-E., en passant par l'W.

Grâce aux rochers qui émergent de la neige, nos instruments et les constructions qui doivent les protéger pourront être établis d'une façon solide et fixe; les sommets des collines faciles à atteindre nous permettront d'observer à différentes hauteurs et de nous rendre compte à chaque instant de ce qui se passe au loin; les eaux, qui doivent être relativement

INSTALLATIONS ET COMMENCEMENT DE L'HIVERNAGE.

calmes dans les baies qui nous entourent, nous promettent, tant qu'elles seront libres, de même que les innombrables récifs et bas-fonds faciles à explorer, de fructueuses pêches zoologiques.

J'espère que, le long de ces côtes bordées d'îlots, la banquise ne sera pas longue à se former et que nous pourrons entreprendre des raids, peut-être même explorer le continent, malgré son aspect rébarbatif.

Enfin nous serons ici au milieu des Pingouins, des Cormorans et des Phoques, dont nous pourrons étudier les mœurs intéressantes, avec l'assurance, quoi qu'il puisse arriver, de ne pas mourir de faim tout au moins. Nous pourrons habiter dans notre bateau, pour ainsi dire à quai, aussi confortablement installés que possible et par conséquent dans les meilleures conditions désirables pour fournir véritablement un bon travail.

L'île Wandel est formée par deux grands massifs rocheux, dont les sommets atteignent 800 et 900 mètres, le massif Sud de beaucoup le plus étendu étant presque une petite chaîne de montagnes. Ces deux massifs sont réunis par un mur étroit de glace et de névé d'une trentaine de mètres de hauteur au-dessus de la mer, long de 1 kilomètre, aux parois perpendiculaires se continuant Nord et Sud par les glaciers chaotiques qui en descendent. Tout cet ensemble, qui peut être comparé à une longue haltère, constitue une des rives du chenal de Lemaire. Du massif Sud, presque au point de jonction avec le mur de glace, se détachent une série de gradins étroits, venant du sommet, formant contreforts, s'aplatissant et s'élargissant enfin en une sorte de plateau mamelonné où nous allons nous installer. Un de ces gradins, d'accès relativement facile, est celui où Matha a déjà fait un tour d'horizon, le 23 Février ; nous l'avons appelé le sommet Jeanne, et un signal hydrographique y a été établi. Une coupure brusque qui sépare le dernier gradin du plateau a été baptisée, ainsi que je l'ai dit plus haut, le défilé de la Hache. A ce défilé succède un plateau situé à une trentaine de mètres de hauteur ; puis une sorte de vallée ou plutôt de col, allant de la baie Nord à la baie Sud, limitée de l'autre côté par une colline de 62 mètres de hauteur, faisant face à la haute mer, que nous avons appelée la colline du Cairn.

Une large baie s'ouvre au Nord; c'est là que se trouvent les petites anses, dans la plus profonde desquelles nous avons placé le « Français », et une série de promontoires très bas plus ou moins allongés. Le plus

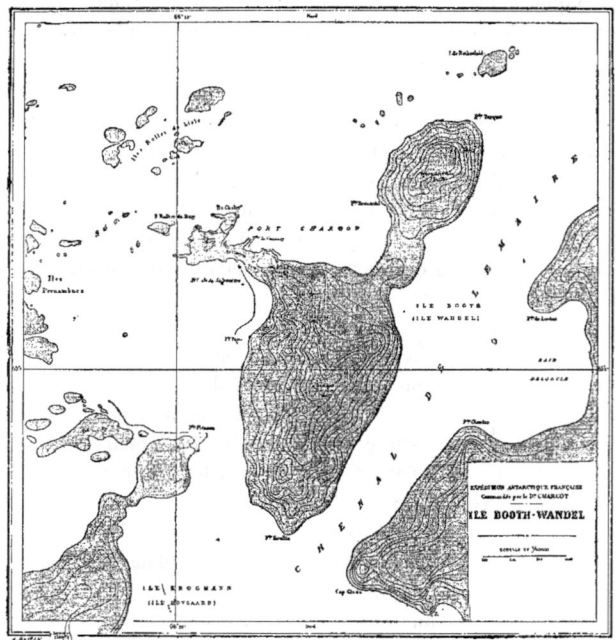

Fig. 1.

important de ceux-ci prolonge le cap N.-W. de l'île et forme à la vérité un îlot, la languette de terre qui le rattache étant à peine recouverte de quelques centimètres d'eau à mer basse. Au Sud, la côte, beaucoup plus régulière, forme également une baie dont les eaux se continuent avec le chenal de Lemaire et baignent le Nord de l'île Hovgard.

La côte W. et N.-W. se découpe en une série de baies peu profondes, plus ou moins encombrées de récifs; c'est à proprement parler l'une des rives du chenal, l'autre étant constituée par une série de petits îlots dépendant de cet archipel touffu et de ces récifs que nous avons éprouvé tant de difficultés à traverser.

La côte Nord, dans les environs du défilé de la Hache et du massif Sud, se présente en falaises rocheuses à pic; ailleurs elle descend par des pentes plus ou moins douces jusqu'à la mer, formant même par places des espèces de plateaux. Il en est ainsi dans la plus grande partie de la côte W. et N.-W. Mais, sauf à l'aboutissement du vallon qui coupe notre grande presqu'île en deux, la côte Sud est formée d'à-pics de glace et de névés en rupture brusque et subite; ceux des contreforts du massif S. extrêmement élevés, celui de la colline W. atteignant une quarantaine de mètres. La crête de ces précipices est crevassée, surplombante, prête à se détacher, éminemment dangereuse pour le promeneur trop confiant, et donnant l'aspect, à une certaine distance, de franges et dentelles élégantes. C'est la même configuration que celle des îles en calotte rencontrées depuis notre arrivée dans cette région, démontrant une fois de plus que les vents prédominants en force comme en durée viennent du N.-E. accompagnés de neige et de chasse-neige; les saillies rocheuses, sortes d'armatures pour ces formations dont elles décident la morphologie, ont été recouvertes d'abord par la neige, puis, ainsi transformées et offrant une surface de plus en plus grande de contact, d'adhérence et d'accumulation, ont été polies en convexités douces ou en éperons du côté d'où souffle le vent, tandis que, sous le vent, ces collines de neige, ces montagnes même ou simplement ces talus neigeux cessent brusquement par une paroi verticale que dominent les bavures du névé.

Toute notre île, comme la totalité des terres rencontrées, est en somme recouverte d'une épaisse couche de névé, de neige et de glace; seules les grandes parois verticales des massifs tranchent par leur couleur sombre, et par place de grosses roches arrondies, grisâtres ou noires, maculées parfois de lichens jaunes ou orangés, font tache sur la blancheur uniforme.

Il n'y a certes pas dans toute l'île une étendue de 3 mètres carrés dépourvue de neige!

Cette couche de glace repose, ainsi que je le disais, sur une armature de roches ; aussi forme-t-elle toujours au bord de l'eau une paroi verticale plus ou moins épaisse, mais rarement inférieure à 2 et 3 mètres, avançant sur les roches moutonnées et lisses qui lui servent de base, se brisant souvent en morceaux qui ont perdu leur équilibre et leur soutien par suite du retrait de la glace de mer, avec laquelle évidemment elle se continuait encore à la fin de l'hiver.

Sur les falaises élevées, abruptes, du défilé de la Hache, nichent en abondance les Cormorans, tandis que sur toutes les autres roches vivent les Pingouins, qui pointillent l'île en noir dans leurs allées et venues perpétuelles.

Du « Français », le léger mouvement de terrain du vallon qui aboutit à notre anse cache le Sud, de même que la colline de l'Ouest nous empêche de voir la haute mer, mais nous avons la vue sur les deux superbes massifs de l'île Wandel, sur l'estuaire du détroit de Gerlache coupé par l'île Wiencke, qui apparaît comme un triangle, et sur le mont William, enfin sur l'imposant mont du Français et ses superbes contreforts, qui aboutissent à l'énorme terrasse de névé dont le front forme la baie de Biscoë.

Mon grand souci du moment est justement ce qui doit se passer ici avec des coups de vents N.-E. comme celui que nous avons dû subir au large ; aussi, malgré le très beau temps avec petite brise de S.-W. dont nous bénéficions ce matin, je renforce le barrage avec une chaînette soutenue par des barriques vides, et je fais disposer tout à bord pour un amarrage solide, quoique encore provisoire.

Il n'était que temps, car à 4 heures le vent tourne au N.-E. et deux heures après souffle en tempête avec brume, neige et grésil. Heureusement les glaces qui arrivent les premières sont accompagnées de tout petits morceaux sans épaisseur, qui, envahissant assez rapidement notre anse, empêche la houle qui aurait pu se former et font tampon contre les gros glaçons et icebloks qui arrivent à leur tour, poussés par le vent. L'accumulation de ceux-ci devient considérable ; à chaque instant une nouvelle masse blanche surgit de la brume grise. Se pressant et se contrariant à l'entrée de notre bassin, les gros glaçons, empêchés par le barrage qui résiste et les petites glaces légères qui remplissent tout, sans danger pour les flancs solides du « Français », finissent, grâce à la pres-

INSTALLATIONS ET COMMENCEMENT DE L'HIVERNAGE.

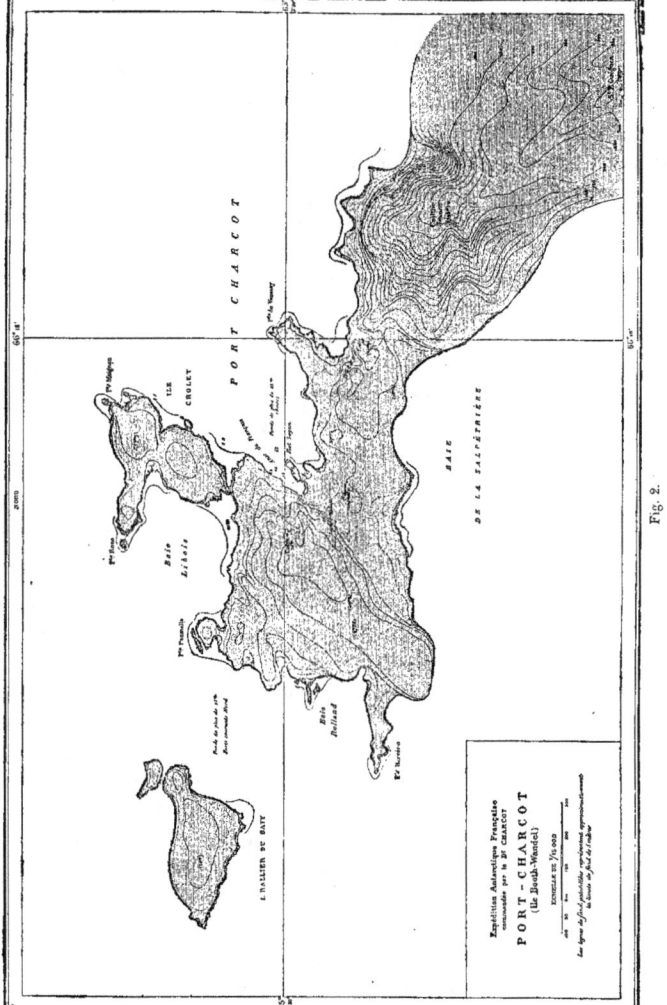

Fig. 2.

sion continuelle, par former une sorte de masse compacte, et, quand le barrage cède enfin, le danger est conjuré.

6 Mars. — Une légère brise du Sud a succédé à la tempête de N.-E.; une détente se produit dans les glaces, et lentement, comme à regret, elles se retirent. Seules les petites, nos amies, retenues par le barrage, restent en assez grande quantité autour de nous. Mais le temps est toujours menaçant.

7 Mars. — Le temps est de nouveau magnifique, avec un beau soleil.

Nos chiens sont attelés pour la première fois et, malgré le mal qu'ils nous donnent au début, transportent rapidement des charges considérables.

Le vent de N.-E. se remet à souffler, et tout ce que nous avons d'amarres ; à bord est porté sur les ancres à glace et les rochers avoisinants afin de maintenir le bateau au milieu de l'anse.

9 Mars. — J'ai tout lieu de croire que nous sommes solidement amarrés ; heureusement, car le vent souffle avec une violence extrême, toujours accompagné de brume et de neige.

Je fais tendre une nouvelle chaîne de barrage.

10 Mars. — Il a venté très fort toute la nuit, mais, avec le jour, cela a calmi. A 2 heures, notre barrage est terminé et la drome mouillée dessus pour servir de brise-lame. La situation du bateau est maintenant la suivante : l'avant est au fond de l'anse, une amarre à bâbord frappée sur une ancre à glace ; une chaîne à tribord maillée sur un rocher ; une amarre traversière à tribord frappée, au moyen d'une chaînette, sur un autre rocher. Le bateau est accoté par sa joue de tribord à la berge, une grosse saillie de neige de près de 2 mètres jouant l'office de défense. Par l'arrière, à bâbord, se trouve l'ancre à jet mouillée à peu près dans le milieu de l'anse ; à tribord, une forte amarre frappée sur une ancre à glace, et encore une traversière frappée sur un rocher au moyen d'une chaînette pour éviter l'usure. Nous avons sous la quille, à l'avant, 1 mètre d'eau et à l'arrière 3 mètres.

Cet après-midi, après nous être rendu compte de la nécessité de creuser 4 ou 5 mètres dans la glace pour trouver une base solide, l'emplacement de la maison a été définitivement arrêté.

INSTALLATIONS ET COMMENCEMENT DE L'HIVERNAGE.

11 Mars. — Le vent a soufflé pendant toute la nuit, redoublant de violence, et accompagné, chose extraordinaire, d'une pluie diluvienne ! Avec cet ouragan de N.-E., la température se maintient à $+1°$ et $+2°$, beaucoup plus désagréable que s'il gelait avec moins de vent. Impossible de se tenir debout dehors et de faire quoi que ce soit ; le bateau tremble et vibre. L'après-midi, l'abri météréologique placé sur la passerelle est renversé par le vent, avec tous les instruments qu'il contient. Heureusement, un seul thermomètre-fronde est brisé.

Subitement, à 3 heures moins le quart, le vent cesse complètement, et le silence succède sans transition aux sifflements de la tempête.

12 Mars. — Il neige avec calme plat ; les icebergs qui bouchaient l'entrée de notre anse, lentement et silencieusement, entraînés par un courant Nord, qui semble permanent, s'écartent, s'éloignent et disparaissent dans le rideau épais de flocons blancs qui tombent drus et serrés, obstinément, escamotés par les eaux noires de la mer.

Il s'est formé un petit torrent sur les flancs de la colline du Cairn, tout près du bord ; le murmure inusité de l'eau qui coule est délicieux, et nous profitons de cette aubaine inattendue pour remplir nos caisses.

Matha, sur un des promontoires de la baie Nord, la pointe de Vanssay, se livre avec Rallier du Baty à la mensuration exacte et très minutieuse d'une base. Turquet empaille, met en bocaux, étiquette tout ce qu'il trouve ou ce qu'on lui apporte ; Gourdon classe ses cailloux, Rey vérifie ses instruments, et Pléneau, toujours gaîment, avec un entrain et une verve intarissables, aide à tout, donne un coup de main à chacun, tantôt à l'état-major, tantôt à l'équipage.

Il tombe un peu de neige qui cesse l'après-midi ; avec Gourdon et Turquet, je vais en canot au pied du mur de glace de la baie Nord. Il y a là de curieuses striations, formées de couches de terre superposées à des couches de glace jusqu'à plus de 30 mètres de hauteur, et également de gros blocs de pierre isolés faisant saillie sur la paroi verticale. Nous trouvons de belles pyrites.

Les matelots partis à la pêche aux Bernicles qui, semblables à celles de nos régions, sauf la coquille qui est lisse, sont très abondantes sur les rochers, ont ramassé, en outre, tout ce qui leur tombe sous la main et rapportent ainsi à Turquet une ample récolte. Matha et Pléneau ont tué deux Phoques, un mâle et une femelle ; il paraît que, lorsque la femelle fut morte, le mâle n'a pas voulu la quitter et est venu se frotter contre elle en pleurant.

Le vent, dans la soirée, se remet à souffler du N.-E., et de nouveau notre port est bouché par les glaçons, qui réapparaissent immédiatement.

14 Mars. — Il fait beau, mais sombre ; le vent joue toute la journée.

16 Mars. — Le temps est couvert, et il tombe une petite neige fine.

18 Mars. — Le vent est S.-W. léger ; notre anse et la grande baie Nord sont dégarnies, mais la baie Sud, par contre, se remplit de glaces. Pendant que les hommes fabriquent un hangar, nous allons en canot au milieu des icebergs, à la lisière des glaces, et nous avons à peine le temps de rentrer à bord pour éviter un coup de vent de N.-W., qui tourne bientôt comme d'habitude au N.-E., ramenant tout le cortège de glaces et d'icebergs que notre chaîne arrête.

19 Mars. — Il a neigé toute la nuit, et il neige encore avec une faible brise de N.-E. La quantité de glaces tenues en échec par notre chaîne est vraiment effrayante ! Mais résistera-t-elle toujours, voilà la question ? De grands flocs plats sont arrêtés avant les icebergs et même les petites glaces, de sorte que le bateau se trouve dans un bassin d'eau libre, tandis que derrière la chaîne s'est formée une sorte de plate-forme. Des Phoques en abondance s'ébattent dans l'eau, et nous pouvons, grâce à sa transparence, les suivre dans leurs élégantes évolutions ; puis ils montent par groupes sur les flocs, jouant ensemble comme des chiens, mais avec des gestes très humains, bien qu'exécutés avec leurs courtes nageoires. Ils font des manières, se caressent, se frôlent, s'embrassent et s'étreignent. Toute la journée nous les entendons souffler et soupirer. Malheureusement le temps est sombre, et nous ne pouvons faire que de mauvaises photographies.

20 Mars. — Dimanche. — Vent de N.-N.-E. fort, par grosses rafales avec un peu de neige. J'installe différents appareils de bactériologie, fabriquant avec une boîte de conserve, un entonnoir et un filtre à chaud. Au moyen de deux caisses de biscuits placées l'une dans l'autre et fermées par un couvercle pratique, œuvre de notre chauffeur Poste, j'obtiens de

INSTALLATIONS ET COMMENCEMENT DE L'HIVERNAGE.

plus une étuve qui, supportée par un pied en bois construit par Libois et chauffé au moyen de petites lampes à pétrole de mon invention, est ma foi assez réussie.

Le soir, les Phoques, encore plus nombreux que la veille, viennent s'ébattre sur la glace auprès de nous ; j'en compte au moins trente.

21 Mars. — La tempête, cette nuit, a fait rage et dure toujours ; les rafales sont formidables ; nos amarres se cassent les unes après les autres ; le bateau, par la force seule du vent, car l'eau autour de nous ne peut être agitée, s'incline et est poussé contre la côte, d'où il rebondit par secousses brusques. Pierre, qui est monté sur la colline du Cairn, chercher un des baromètres enregistreurs que Rey y a installés, a été renversé par le vent. Une des vergues de notre drome formant barrage est brisée ; je fais tout porter à terre, car j'ai pu me rendre compte que la chaîne tendue comme elle l'est est seule utile, et, du moment qu'elle a pu supporter les glaces actuelles, nous pouvons avoir confiance en elle.

Le chasse-neige est terrible et produit, en passant sur le pont, dans la mâture et les manœuvres, un crépitement comme du gros sable. Je suis allé voir si notre petite maison tenait bon, et j'ai mis près d'une heure à revenir en rampant.

22 Mars. — A 2 h. 1/2 du matin, brusquement le vent a cessé. Il fait calme pendant la première partie de la journée ; nous en profitons pour caler les mâts de flèche, déverguer les voiles, amener en bas les vergues des huniers et démonter la cheminée afin d'offrir moins de prise au vent. Rey s'est fait construire une petite cabane en pierre, où il va pouvoir commencer ses observations de magnétisme.

23 Mars. — La journée s'annonce superbe avec petite brise de S.-W. et beau soleil. Pléneau tue trois Phoques, que l'on enfouit dans la glace après les avoir vidés. Dans l'un, nous trouvons un utérus gravide, qui immédiatement a été mis en bocal dans l'alcool.

Il n'y a pas un instant de perdu, et d'ailleurs les observations scientifiques de chacun marchent, tandis que les installations se font et se perfectionnen

24 Mars. — Légère brise de N.-E. avec temps un peu couvert, mais beau. Comme la sortie de notre port est engagée par les glaces et que je désire faire une excursion du côté d'Hovgard, nous traînons la baleinière par-dessus l'île et la lançons dans la baie Sud totalement dégagée, en profitant d'une grosse roche lisse en pente qui semble une cale placée là exprès pour nous.

Nous longeons la côte N. et N.-E. d'Hovgard, qui est semblable dans ses grandes lignes à celle de Wandel, avec une pente douce et d'assez nombreuses têtes de roches sortant de la neige et qui servent d'asile à une petite colonie de Pingouins Papous. Au bord de l'eau, les Phoques sont nombreux.

Nous débarquons et constatons que la colline de cette partie Nord de l'île se termine comme toujours par une cassure de glace à pic. A celle-ci succède une sorte d'isthme très plat formé probablement de grosses roches émergeant de l'eau et réunies par de la glace. Puis de cet isthme, formant la partie Sud de l'île, s'élève graduellement un sommet arrondi de 400 mètres de hauteur entièrement couvert de glace et de neige, sans aucune tache de roche. C'est la plus haute des îles en calotte que nous ayons vues jusqu'à présent. Nous longeons avec la baleinière l'isthme qui réunit ces deux parties de l'île et qui forme, dans le chenal de Lemaire, une baie où s'ouvrent de petites anses comme celle où se trouve le « Français »; mais je n'ai plus de regret de ne pas avoir essayé d'y amener le bateau, qui semblerait mieux protégé des vents de N.-E., car, dans toute leur étendue, il y a 1 ou 2 mètres d'eau à peine. A cette baie fait suite une falaise de glace très élevée, toute creusée de grottes et étrangement découpée. D'énormes blocs, lisses et marbrés de bleu, quelques-uns surplombant, lui font un irrégulier et gigantesque crénelage. Quelques-uns paraissent tenir par un phénomène d'équilibre inexplicable, que la moindre vibration devrait détruire. Ce n'est pas sans un peu d'appréhension que nous suivons le pied de cette falaise, regardant de temps à autre au-dessus de nous cette crête menaçante, qui, se détachant sur l'infini azuré du ciel, donne un peu le vertige et semble s'abaisser lentement sur nous. J'entre notre canot, mâture haute, dans une vaste grotte creusée dans le pied de la muraille, de formation récente, car il n'y a pas de stalactites. La voix y vibre d'une façon étrange ; l'eau qui s'égoutte des avirons produit un bruit cristallin et net ; l'air qu'on y respire est comme une boisson d'une pureté

INSTALLATIONS ET COMMENCEMENT DE L'HIVERNAGE. 45

délicieuse. Mais, le plafond ayant une apparence peu solide, nous ne prolongeons pas notre séjour, et plus loin nous avisons un assez gros iceberg creusé comme une dent cariée dans lequel nous pénétrons par un étroit chenal pour nous trouver sur quelques centimètres d'eau que sa transparence rend invisible, comme au fond d'une coupe profonde taillée dans un bloc de verre opaque glauque et bleuté.

Nous rentrons à Wandel à l'aviron, luttant contre un assez fort vent du Nord qui s'est levé. Au moyen d'un palan frappé sur une ancre à glace solidement enfouie, notre baleinière est traînée sur la petite cale que forme le rocher lisse qui nous a servi à son lancement, et c'est là que je décide de la laisser, afin d'avoir toujours à notre disposition une embarcation parée à être mise à l'eau dans la baie Sud.

25 Mars. — Vent du Nord assez fort avec chasse-neige ; le temps, malgré cela, n'étant pas trop couvert, nous voyons les îles en calotte les plus proches, qui se détachent claires sur le fond aujourd'hui généralement gris de l'atmosphère, fumer comme autant de petits volcans lançant de la cendre blanche. C'est la neige pulvérulente de leur sommet qui, chassée par le vent, forme au rebord de la cassure brusque de ces îles une aigrette parallèle à la mer.

26 Mars. — Temps radieux, calme et soleil. A midi, il n'y a que — 3°, et nous avons vraiment chaud.

28 Mars. — Encore une belle journée de soleil avec calme.

30 Mars. — Temps froid et beau ; le débarquement et le classement des vivres continuent activement ; les chiens travaillent toute la journée, habitués au trajet, s'arrêtant d'eux-mêmes devant le petit tunnel garni de marches taillées dans la glace qui donne accès au magasin.

31 Mars. — Temps sombre, neige fine. Le magasin se remplit petit à petit.

1er Avril. — Temps calme, il est tombé près de 20 centimètres de neige, et il ne fait pas froid, — 1° à — 2°. Quelques innocents « Poissons d'avril » ont été échangés devant ; mais les plus intéressants sont de véritables Poissons au nombre de trente pris au filet. Quelques-uns sont choisis pour les collections, et les autres sont remis entre les mains de notre « coq ».

2 Avril. — L'avant du bateau protégé par un taud élevé est transformé en atelier.

La pêche a encore donné d'excellents résultats aujourd'hui, et nous faisons à bord des repas gargantuesques.

3 Avril. — C'est aujourd'hui Pâques ; le temps s'annonce splendide, beau soleil, avec — 6° et petite brise du S.-W. Jour de repos pour les hommes à partir de midi. Je vais bavarder un peu dans le poste, et je m'aperçois que les moins instruits se font donner des leçons par les autres. Je propose alors de leur faire l'école, et mon offre est accueillie avec enthousiasme. Nous commencerons dès que le bateau sera nettoyé et disposé pour l'hiver.

Turquet, Gourdon et moi, nous faisons une excursion en canot jusqu'à la petite île Girard, où nous avons grand'peine à débarquer ; mais, comme toujours, nous rapportons quelques échantillons intéressants pour l'un ou pour l'autre.

8 Avril. — Ces quatre derniers jours, le temps a été magnifique, soleil et beau ciel clair, la température oscillant autour de — 7°. Les montagnes de Wandel « fument », comme dit notre guide alpin, c'est-à-dire que des nuages se reforment autour des sommets au fur et à mesure que la brise les chasse ; l'effet produit est joli et curieux, car toute cette petite chaîne de montagnes est découpée en grandes dents, dont chacune a ainsi son panache formant une grosse balle blanche, qui s'allonge, se dissipe comme si elle allait définitivement disparaître, puis se reforme et s'arrondit de nouveau, tandis que le reste du ciel est absolument pur. Pierre prétend que c'est signe de mauvais temps. Il est certain que le vent joue toute la journée, sautant brusquement du Sud au Nord et amenant, de ce fait, des variations subites de 2° et 3° dans la température.

Ce qu'il faut tenir le plus possible à l'abri de la gelée, comme le vin et l'huile, reste seul à bord, car tout est maintenant bien rangé à terre. Avec Pléneau, nous dressons une liste détaillée. Les boîtes, groupées par catégories, s'alignent sur un carnet, chacune représentée par un petit trait, biffé au fur et à mesure de la consommation, de sorte qu'un coup d'œil me suffira pour me rendre compte de ce qui reste de chaque chose.

Je puis dire, sans me flatter, je crois, qu'il n'y a pas d'expédition polaire où les vivres aient été choisis avec autant de soin ; ils sont variés, de bonne qualité et abondants. A moins d'accident, nous n'avons rien à craindre pour deux ans au moins ; mais néanmoins je veille sévèrement à ce qu'il n'y ait pas de gaspillage, évitant également la plupart du temps de servir les mets un peu fins, que nous serions si heureux de retrouver si l'expédition devait se prolonger au delà des limites prévues.

La question nourriture, dans les conditions où nous nous trouvons, joue naturellement un rôle considérable et défraie bien des conversations ; les marins, d'ailleurs, répètent à chaque instant que jamais ils n'ont été aussi bien et abondamment nourris. Je ne regrette donc pas le mal que je me suis donné, car finalement nous n'avons pas dépensé plus que d'autres pour cette partie de l'expédition, et je suis persuadé que, grâce à cette nourriture, la bonne humeur et l'entrain persistant jusqu'au bout, le travail fourni par tous s'en ressentira sûrement d'une heureuse manière. Je suis convaincu également que, pour maintenir le meilleur état sanitaire possible, il faut que notre régime se rapproche de celui auquel notre race est accoutumée ; c'est en tout cas une expérience que j'ai le droit de tenter, quitte à faire des modifications lorsque je le jugerai nécessaire. Jusqu'à nouvel ordre, les hommes continueront à recevoir leur ration habituelle d'excellent vin, un quart à chaque repas et la « double » le dimanche ; de plus, ils ont le fameux « boujaron » de tafia que l'on donne encore au commerce, et auquel le matelot français est si malheureusement habitué. Ils ont le thé à discrétion et tout le lait qu'ils désirent.

Au carré, la grande majorité ne boit ni vin ni liqueurs.

En dehors de nos provisions, les ressources du pays nous fournissent une abondante, saine et agréable nourriture. Je ne puis vraiment comprendre comment certains explorateurs, qui pourtant n'ont pas été astreints à en manger uniquement, en parlent avec tant de dégoût. Ici, à l'unanimité, dès le début, la viande de Pingouin a été décrétée excellente, et il ne semble pas que l'on doive s'en lasser ; je ne sais à quoi la comparer, si ce n'est peut-être à de la viande de mulet, dont j'ai mangé étant chasseur alpin ; elle est un peu ferme, rouge foncé et ne sent pas du tout le poisson, ce qui tient, évidemment, à ce que les Pingouins se nourrissent exclusivement de toutes petites Crevettes. Le Cormoran aussi est très apprécié, mais son goût est un peu fort, et nous reconnaissons que l'on s'en fatiguerait assez vite. A part deux hommes qui éprouvent pour elle un dégoût insurmontable, la viande de Phoque est considérée comme très agréable par tous les autres ; elle ne ressemble à rien de ce que nous connaissons et, lorsqu'elle est bien présentée, contrairement à ce que l'on se figurerait, elle ne sent aucunement l'huile. Quant au boudin de sang et de foie de Phoque, ils prennent bientôt rang parmi les « plats de fête ». Jusqu'à présent, nous avons été favorisés par la pêche et, le 5, nous avons pris au tramail une centaine de Poissons de petite taille en général, mais dont l'un cependant, conservé au laboratoire, mesure 75 centimètres ; ils nous paraissent excellents, et leur chair ressemble un peu à celle du Merlan. De plus, les hommes récoltent en grande quantité des Bernicles, dont ils raffolent et s'amusent de temps à autre à envoyer au carré des plats préparés par eux.

La question du pain, si importante pour des Français, a été facilement résolue grâce à l'habileté de notre cuisinier. Trois fois par semaine, il nous fait du pain frais et même, le jeudi et le dimanche matin, des petits pains au beurre. Les autres jours, nous mangeons les « galetas » d'Ushuaia, qui sont remarquables. Ils se conservent admirablement sans précaution spéciale, et, passés au four ou même simplement placés pendant quelques secondes près du poêle, ils ont l'énorme avantage sur le biscuit de donner une mie suffisamment molle pour permettre l'inappréciable raffinement du « sauçage ». Assez souvent, le cuisinier nous fait la surprise de quelque pâtisserie de son invention.

Le lundi est également le jour où la provision de tabac est distribuée ; un aimable et généreux compatriote de Buenos-Ayres nous en a offert de remarquablement bon, emballé avec soin dans de petites boîtes de fer-blanc ; nous en avons certainement pour plus de deux ans.

C'est Jacques Jabet, notre maître d'équipage, qui est le cambusier, et il s'acquitte de sa délicate fonction, comme de tout ce qu'il fait, avec le plus grand soin, joint à une inaltérable bonne humeur.

La cale étant vide, ou à peu près, je puis faire procéder à un nettoyage à fond, ainsi qu'à une désinfection générale, et tout le bateau embaume le phénol. Malheureusement, nous ne pouvons nous débarrasser de l'énorme quantité de rats embarqués sans permission à Buenos-Ayres ; je crois qu'ils ne se doutaient guère, en nous choisissant, de notre destination, et qu'ils doivent la trouver plutôt mauvaise ; mais, en tout cas, ils font contre fortune bon cœur, se multipliant et croissant à notre détriment, dévorant tout ce qu'ils trouvent et nous obligeant à défendre contre leur voracité nos fourrures, filets, toile à voile, etc. Nous venons de découvrir un fromage de Hollande, vidé par un petit trou, dont il ne reste plus que l'écorce tellement mince que nous en faisons une superbe lanterne.

Les recherches bactériologiques que je viens de faire dans les intestins des Poissons y ont démontré la présence de nombreux microbes ; il en est de même d'ailleurs pour l'eau de mer, où ils pullulent, malgré sa température de $-1°,5$.

9 Avril. — Toute la nuit, les barriques vides que j'ai placées autour de l'arrière du bateau pour recevoir le premier choc des glaces éventuelles n'ont cessé de frapper contre le couronnement, agitées par une petite houle. Le vent souffle, en effet, du N.-E., léger, mais amenant une hausse de température et de la neige fondue. Le temps est humide et désagréable au possible. Le soir, il y a $+1°$, et à terre c'est un véritable dégel.

11 Avril. — Hier il a fait calme avec $+1°$, et aujourd'hui il vente frais du N.-E. avec $+6°$! C'est un véritable désastre ; le magasin général est inondé, et à chaque instant je crains qu'il ne s'effondre ! Hâtivement nous entreprenons des travaux de consolidation et de canalisation pour détourner l'eau qui coule en torrents de la colline, menaçant toutes nos constructions si péniblement édifiées ! La cabane magnétique en pierre s'est en partie effondrée, mais elle a pu facilement être réparée.

12 Avril. — Il fait un peu moins chaud, mais le dégel continue, la neige fond et l'eau coule de tous côtés. Nos constructions tiennent toujours, mais la situation est grave, et nous ne pouvons même pas songer à enlever les caisses qui s'y trouvent.

Expédition Charcot.

Depuis que nous sommes ici, jamais autant de terre ni de rochers n'ont été à découvert! Nous retrouvons un tas d'objets précédemment perdus par nous dans la neige. Des grandes plaques rouges et vertes apparaissent en plus grande abondance que jamais, algues microscopiques, auxquelles probablement cette température est favorable, à moins qu'elles ne soient simplement mises à découvert par la fonte des couches superficielles de neige.

13 Avril. — Vers 2 heures du matin, il a commencé à tomber un peu de neige, et, comme cela a duré jusqu'à 9 heures, une couche assez épaisse remplaçait en grande partie celle que le dégel avait enlevée. Puis subitement le vent tourne et se met à souffler assez fort du Sud, faisant baisser brusquement le thermomètre à — 2°, amenant un temps clair mais accompagné d'un chasse-neige assez violent. Le magasin est sauvé, mais la température continuant à baisser avant que nous ayons pu enlever l'eau complètement, celle-ci gèle, formant une épaisse couche de glace englobant toute une rangée de boîtes de conserves, que nous ne pourrons certainement dégager qu'en nous servant de pics.

Malgré le chasse-neige, nous mettons en place la cabane magnétique en bois; elle est entièrement cloutée en cuivre avec une toiture en planches couverte de toile à voile. Nous la plaçons sur une toute petite hauteur, juste au-dessus d'une grosse roche qui fait saillie dans le plancher percé exprès pour cela et sur laquelle nous cimenterons un des piliers d'observation recouvert d'une plaque de marbre. La base de la cabane est consolidée au moyen de grosses pierres. Cette cabane, très solidement construite et fixée, doit pouvoir résister à toutes les intempéries; elle a des volets, des fenêtres, une porte, et nous allons grouper autour d'elle les instruments météorologiques et d'électricité atmosphérique, constituant ainsi un véritable petit observatoire.

Gourdon a trouvé, dans une petite baie de la côte de N.-W. de l'île, des ossements de Baleine qui, d'après leur état, doivent être là depuis de bien longues années. Pendant cette excursion, nous avons pu voir un Phoque, un Léopard de mer, autant que la distance nous a permis d'en juger, en train de manger un Cormoran; une fois l'Oiseau tué, il le déchiquetait en le poussant devant lui sur l'eau, décrivant des cercles, sans

INSTALLATIONS ET COMMENCEMENT DE L'HIVERNAGE.

essayer de conduire sa proie soit à terre, soit sur la glace, un peu comme une carpe cherchant à dévorer un morceau de pain trop gros pour être avalé d'un seul coup.

14 Avril. — Temps magnifique.

16 Avril. — Depuis deux jours, léger vent de S.-W. avec petite brume très fraîche qui couvre tout de fines et élégantes aiguilles de glace. J'ai fait traîner notre vedette, débarrassée de sa chaudière inutilisable, sur la côte Sud de l'île, loin du bateau, et les caisses de mélinite y sont installées bien enveloppées de toile cirée et recouvertes de prélarts imperméables.

La baie Sud est presque entièrement recouverte d'une couche de glace mince et poisseuse, en tout semblabe à celle si bien décrite par Weyprecht; mais combien de temps va-t-il falloir encore avant que nous ne puissions marcher dessus? Ne sera-t-elle pas dispersée par le premier petit coup de vent de N.-E.? Nous voici déjà dans la deuxième quinzaine d'avril; si nous avons de ces sautes brusques de vent et de température toute l'année, que deviendront alors nos raids, sur lesquels je compte tant?

Nous avons examiné cet après-midi au microscope, avec Turquet, la neige rouge et verte, et nous avons bien vu les spores des Algues qui sont la cause de cette coloration; on en trouve également dans les intestins de Pingouins et dans leurs matières fécales, et il serait intéressant de savoir si ce sont eux qui les transportent, ou si, simplement, ils favorisent leur développement par leur piétinement, ainsi que Darwin le constate sur les chemins suivis par les mulets dans la neige des Cordillères. En tout cas, il est certain que les Pingouins semblent éprouver un véritable plaisir à becqueter la neige ainsi colorée.

24 Avril. — Pendant toute la semaine, le temps a été variable avec une majorité de vents du Sud, ou faibles ou assez forts amenant en général du beau temps clair, quelquefois aussi cependant un ciel couvert et un chasse-neige extrêmement pénétrant nous obligeant à fermer avec soin toutes les issues du bateau, et, quand nous sortons, à mettre nos capuchons et à ficeler nos manches. La température avec les vents de cette région descend graduellement à — 11°. Le 22, subitement, le vent tourne au N.-E., amenant de la houle beaucoup plus grosse que nous n'aurions pu le croire possible ici et faisant toucher fortement le bateau par l'avant à marée basse. En moins d'une heure, le thermomètre est remonté de — 9° à — 3°. Le lendemain, à 3 heures du matin, le vent qui avait halé de nouveau le S. revient au N.-E., ce dont je suis averti par des chocs violents le long de ma cabine, dus à un gros débris d'iceberg, qui, après avoir passé sous la partie élevée de la chaîne, se trouve entre la côte et le bateau et nous frappe brutalement avec une irritante régularité. Vers 10 heures, les glaces surgissent de la brume, s'entassent derrière le barrage et, la houle cessant, nous sommes tout de suite tranquilles.

Aujourd'hui le vent du Sud a repris, et les glaces sont reparties; mais il fait sombre avec chasse-neige.

La semaine a été bien employée. Libois, avec de solides poutres, a fabriqué un pied pour l'abri météorologique définitivement fixé non loin de la cabane magnétique, ainsi que l'actinomètre qui est placé sur deux barriques lestées de pierres et de cailloux. Sur l'avenue Victor-Hugo, à distance du bateau, un petit abri protège un thermomètre qui est consulté officiellement toutes les deux heures, mais qui, en somme, est regardé chaque fois que l'on passe près de lui, c'est-à-dire plus de cent fois par jour. A terre, tout près du bord, Matha a installé, abrité par une espèce de paravent en toile à voile facilement enlevé et remis en place, un pilier qui lui est utile pour les observations à l'astrolabe de Claude.

Les thermomètres du sol ont été enfoncés dans la glace, et une caisse a été agencée pour mesurer, autant qu'il est possible, la quantité de neige tombée dans les vingt-quatre heures.

Le grand canot, belle embarcation de sauvetage que je veux à tout prix conserver en bon état, est tiré et chaviré sur la glace, servant ainsi à recouvrir et à protéger une réserve importante de touques à pétrole.

A bord, une partie des hommes travaillent à l'agrandissement du poste qui sera bientôt terminé, et le reste du bateau est déjà disposé pour l'hiver.

Sur tous les poêles allumés, nous faisons fondre dans des seaux la glace qui doit nous donner de l'eau douce pour nos besoins journaliers. C'est là une grosse et importante question; une corvée d'hommes va chercher tous les matins la quantité de glace nécessaire, et l'eau fournie est excellente, à de certaines conditions toutefois, qui ne sont pas toujours réalisées. Il arrive trop souvent, par exemple, que les mains de ceux qui transportent la glace sentent le Phoque, que les chiens lèvent la patte dessus, que les récipients où elle fond soient souillés accidentellement par du pétrole ou autre matière odorante. Aussi, de temps en temps, considérons-nous comme un grand luxe de nous offrir une bouteille d'eau minérale.

La baie Sud ne peut encore porter le poids d'un homme, et la glace est même sillonnée par de larges chenaux d'eau libre ; il y en a trop pour pouvoir faire des excursions en canot de ce côté, pas assez pour pouvoir marcher dessus ! Mais, comme tout a son bon côté, l'absence de glace dans la baie Nord permet de draguer et de pêcher avec les embarcations, et Turquet, lorsqu'il accompagne Rolland, revient transi de froid, ce qu'il a de commun avec tous ceux qui vont travailler dehors, mais rapportant toujours une récolte abondante et intéressante. Accompagné de Pléneau et de Gourdon, j'ai été hier en you-you explorer le cap N.-E. de Wandel, et, après avoir débarqué dans les cailloux, nous avons excursionné sur les flancs abrupts de la montagne. Le retour a été mouvementé, car le vent du Sud s'est levé fort (vent debout comme toujours). Pour embarquer, nous avons commencé par faire le *plein* de nos bottes, et nous avons pu constater que, si l'eau, qui était à — 1°,8, nous paraissait chaude à la main, l'air étant à — 11°, il n'en était pas de même pour les pieds, au bout de quelques heures surtout. Ensuite, poussés par le vent, nous sommes entrés en lutte avec un gros icebloc autour duquel le clapotis avait créé un fort remous, et qui semblait décidé à nous mettre en miettes. Après une bonne heure d'efforts épuisants à chercher avec gaffes et avirons à nous dépousser sur ses flancs lisses, glissants et mouvants, nous sommes parvenus à nous éloigner, couverts d'une couche de glace libéralement octroyée par les embruns. Il faisait alors nuit noire et, entraînés dans la dérive de notre ennemi, nous ne savions plus guère où nous étions, quand, sur le «Français», ils eurent l'heureuse idée de mettre un fanal en tête du mât. Après nous être appuyé trois bonnes heures de nage, nous n'avions plus froid en accostant, et l'inquiétude qui régnait à bord cessa lorsqu'on entendit de loin nos rires et les chants qui parvenaient à faire nager à peu près en mesure mon équipe improvisée.

J'ai fait de la bactériologie le restant de la journée, travail peu commode avec cette température, car la gélatine, la gélose, le bouillon et les réactifs gèlent ; l'étuve heureusement fonctionne très bien, grâce à un perfectionnement que j'ai apporté à ma veilleuse en lui adaptant un verre de lampe fabriqué avec un tube à essai.

27 Avril. — J'ai éprouvé, il y a quelques jours, un symptôme qui peut être grave ; une heure environ après m'être couché bien au chaud, sans raison apparente, mon médius droit s'est engourdi ; il est devenu absolument froid et blanc comme de l'ivoire ; puis j'ai eu des fourmillements, et la sensibilité tactile a disparu ; au bout d'une heure, mon doigt est redevenu normal.

Je ne voulais pas en parler aux autres, mais cela s'est reproduit aujourd'hui, pendant le déjeuner, à l'index, et, comme je ne pouvais plus me servir de ma main, on s'en est forcément aperçu. C'est le phénomène du doigt mort qui est un avertissement d'une certaine gravité.

Gourdon, chargé de prendre les températures de l'eau de mer autour de notre île, nous annonce toujours une différence de quelques dixièmes de degré, entre la baie Nord et la baie Sud. Matha fait des prélèvements réguliers de glace pour mesurer le degré de chloruration, et je lui prépare, pour la même étude, du sérum de Phoque ; le résultat semble coïncider avec les intéressantes expériences de Quinton sur le sérum des autres espèces animales.

1er Mai. — Pendant ces quelques jours, la température est remontée un peu ; il est très probable que nous allons avoir des vents des régions Nord.

Rey a fait hier une série de vingt-quatre heures d'observations magnétiques.

Mes cultures de microbes, provenant de l'eau de mer et des intestins des différents animaux de l'Antarctique, poussent très bien ; je vais m'efforcer, par des repiquages fréquents, de les rapporter vivants en France ; aussi les ai-je logés dans ma cabine pour pouvoir mieux les soigner.

A partir d'aujourd'hui, sur une proposition de Matha, que je trouve excellente, la montre du bord est réglée, sans que les hommes le sachent,

INSTALLATIONS ET COMMENCEMENT DE L'HIVERNAGE.

de manière à marquer 5 heures au moment où cesse le crépuscule civil. Matha effectuera ce réglage tous les jours à midi. La plus grande modification de jour en jour est de quatre minutes et, de cette façon, sans qu'on puisse s'apercevoir de ce petit changement, nous profiterons pour travailler du maximum de clarté dont nous disposons pendant l'hiver, ce qui n'est pas beaucoup dire.

7 Mai. — Nous avons eu le 6 un fort coup de vent du N.-E., qui, contrairement à ceux éprouvés jusqu'à présent, n'était pas accompagné de ciel sombre et de neige ; il a duré quarante-huit heures, amenant une très grosse houle qui faisait fortement talonner le bateau. Quelques glaçons entrés dans notre anse frappaient contre nous violemment ; deux de nos amarres de l'arrière ont cassé, mais nous sommes parvenus, après de gros efforts, à déhaler un peu le bateau de l'arrière, évitant ainsi qu'il ne touchât aussi brutalement, et nous avons triplé les amarres en les capelant sur la chaîne étendue en travers. Ce ne fut qu'au bout de trente-six heures que les glaces, en arrivant, bouchèrent l'entrée de notre anse et nous ramenèrent le calme. La mer brisait furieusement sur cette barrière de glace, la couvrant d'embruns dont quelques-uns venaient jusqu'à nous et gelaient immédiatement. L'arrivée tardive des glaces doit provenir de ce que les vents persistants du Sud de ces derniers temps, ainsi que le courant qui décidément porte Nord, les ont accumulées dans la partie Nord de l'estuaire et que, soudées ensemble par le froid, il a fallu longtemps pour qu'elles se détachent et flottent jusqu'à nous. Notre sécurité ne sera réelle que lorsque nous aurons de la glace bien solide autour du bateau.

Il fait de nouveau beau et froid, les glaces repartent, mais un gros glaçon qui a chaviré contre la chaîne a soulevé celle-ci et la supporte par le milieu ; c'est parfait, nous avons là un flotteur naturel que je rêvais depuis longtemps et qui va être un précieux auxiliaire, puisque, tout en soulageant la tension de la chaîne, il ferme une partie de l'anse.

Nous avons pu nous aventurer cet après-midi sur la glace de la baie de la Salpêtrière ; elle est encore peu épaisse, et il faut marcher avec précaution. Pendant notre excursion, nous avons entendu sous nos pieds de chocs répétés, puis, avec un gros bouillonnement, un trou rond s'est formé, et un Phoque a montré en soufflant sa bonne grosse tête; il nous a regardé avec étonnement, mais sans frayeur, se dressant autant qu'il le pouvait au-dessus de la glace; puis, après avoir largement respiré, il s'est enfoncé de nouveau. Deux autres lui ont succédé ; il y a même eu petite lutte pour savoir qui profiterait le premier du trou et, pendant quelques instants, nous n'avons vu que des narines moustachues se bousculant à fleur d'eau.

9 Mai. — Hier, nous avons été de nouveau, malgré du mauvais temps, sur la banquise et, aujourd'hui, nous avons fait une longue excursion attachés les uns aux autres. La glace n'est pas encore très solide, et bien souvent, en sondant avec les piolets, nous la traversons. Néanmoins, en suivant avec précaution la belle falaise de glace, nous arrivons à l'entrée du chenal de Lemaire ; mais il y a là une accumulation d'icebergs et, probablement à cause des mouvements que leur impriment vents et marée, la glace est cassée tout autour d'eux ou ne se forme pas. En revenant, nous avons vu des magnifiques cascades figées le long de la falaise.

14 Mai. — Depuis trois jours la glace se forme enfin autour de notre bateau, et elle commence à être déjà solide. Je fais entretenir un trou à feu le long du bord en cas d'incendie et deux autres au-dessous des poulaines.

Nous sommes montés assez péniblement avec Gourdon au sommet Jeanne voir ce que devient la glace au large. Le détroit de Gerlache et la partie Nord du chenal de Lemaire sont libres; on peut se demander s'ils se prendront jamais, mais, ce qui est rassurant, c'est que tout l'estuaire, le large à perte de vue et le Sud après Hovgard, sont pris, bien que la banquise soit coupée par des chenaux. Les icebergs sont innombrables, les gros de forme tabulaire, les petits seuls variés. Il y en a une chaîne de cinq ou six très grands qui ressemble à un train de wagons précédé par une superbe locomotive. Un autre, au large, forme un immense arc de triomphe léger et gracieux.

Les couchers de soleil sont toujours splendides, et je suis enthousiasmé de ce pays qui n'est jamais monotone dans son aspect, présentant, dès qu'il y a un peu de lumière, les teintes les plus variées et les plus délicates, merveilleux par les clairs de lune, majestueusement sinistre par le mauvais temps et par la brume.

INSTALLATIONS ET COMMENCEMENT DE L'HIVERNAGE.

15 Mai. — A 1 heure et demie du matin, par calme plat, au moment où j'allais me coucher, la glace fait subitement autour du bateau un bruit extraordinaire, et le « Français », après plusieurs bonds, talonne brutalement contre le fond. C'est merveille que nos amarres aient résisté et que nous n'ayons pas été jetés à la côte ; mais, après quelques secondes d'agitation, tout rentre dans le calme, et au bruit occasionné par une série de vagues succède le grand silence coupé par les rares sons habituels. Nous croyons d'abord à un raz de marée, mais au jour le phénomène s'explique facilement ; c'est un grand iceberg échoué dans la baie, et que nous avions remarqué la veille, qui a chaviré ; il nous présente maintenant sa base usée en aiguilles et en clochetons. La glace qui nous entoure a été en grande partie morcelée par le coup, mais avec le froid actuel elle ne tardera pas à se refaire.

Depuis qu'il fait sérieusement froid, les Phoques ne viennent pour ainsi dire plus sur la glace ; mais nous les voyons assez fréquemment dans l'eau.

Les Cormorans n'ont pas quitté leurs falaises autour du défilé de la Hache, et il est évident qu'ils vont rester là tout l'hiver, puisqu'ils trouvent de l'eau libre, où ils pourront tous les jours chercher leur nourriture ; dernièrement, il y en avait plus de trois cents groupés dans un petit coin de la baie Nord. Entre 3 heures et 3 heures un quart, très régulièrement, tous les jours, ils reviennent à leurs falaises, isolés ou formant un triangle, passant souvent à quelques mètres à peine au-dessus de nos têtes, le cou bien allongé et faisant dans leur vol lourd un bruit rythmé un peu métallique comme un moulin d'enfant tournant au moyen d'un ressort remonté.

Ils ont une allure aristocratique, qui jure avec l'air bourgeois de leurs voisins et amis les Pingouins. Ceux-ci ont abandonné la rockerie depuis déjà quelque temps ; nous n'en rencontrons plus sur l'île que par petits groupes isolés venus pour se reposer et campant n'importe où. Mais il y en a dans les eaux libres, plongeant et marsouinant par petites bandes, naviguant en rangs serrés avec la régularité d'une escadre nombreuse de submersibles. A chaque bond hors de l'eau, l'un ou l'autre jette un petit cri, soit pour se rallier, soit pour s'encourager.

Expédition Charcot. 8

Leur départ occasionne un grand vide, car ils étaient pour nous tous une compagnie extrêmement agréable en même temps qu'une distraction, et nous ne pouvons guère espérer qu'ils reviendront sérieusement avant le printemps. Contrairement à ce que nous avions constaté dans la rockerie de l'île Wiencke, les Adélies étaient ici plus nombreux que les Papous, les deux espèces vivant en très bonne intelligence et même assez confondues. Nous n'avons pas vu un seul Pingouin antarctique. Lorsque nous nous sommes installés définitivement ici, les petits étaient devenus des adultes et semblaient mélangés avec leurs parents. Pas un rocher émergeant de la neige où ne fussent installés quelques Pingouins.

Les grands Pétrels, les Mouettes, les Sternes, les Mégalestris, si abondants à notre arrivée, sont partis eux aussi vers le Nord, mais, de temps à autre, un Pétrel des neiges, bête merveilleuse, passe en planant silencieusement au-dessus de nos têtes, nous touchant presque ; il paraît plus blanc que la neige, et on distingue que les trois petits points noirs de ses deux yeux et de son bec.

Les Chionis non plus ne nous abandonnent pas et vivent avec nous, comme de vrais Oiseaux de basse-cour, surtout groupés autour de la boucherie de Phoque et du bateau, ils pécorent toute la journée, mangeant dans la main des hommes. Évidemment ils ne restent pas d'habitude aussi longtemps au Sud pendant l'hiver, mais ils ont trouvé dans les détritus de nos aliments une abondante nourriture dont ils veulent profiter.

22 Mai. — Pendant deux jours, le N.-E. a soufflé, morcelant la glace et brisant notre échelle de marée, qu'il a fallu remplacer. Mais, sauf pendant ce temps, la température persiste dans les environs de — 20°. La glace est bien prise autour du bateau ; depuis lors, régulièrement toutes les nuits, il se produit au moment de la basse mer un grand bruit de décollage, et brusquement le bateau donne une forte gîte sur tribord, puis graduellement il se redresse, mettant à cela près d'une heure. Le thermomètre pendant le N-.E. est remonté à — 4°. Avec — 7° et du calme, nous avons véritablement souffert de la chaleur, et je suis sorti pour d'assez longues courses en pantalon et chemise sans me couvrir ni les oreilles ni les mains.

Aujourd'hui le temps est splendide avec — 22°. Partout où il y a de l'eau libre, la mer fume d'une façon extraordinaire, produisant un nuage épais à une dizaine de mètres au-dessus de l'eau et rappelant ainsi la vapeur s'échappant du plancher d'un théâtre pour quelque décor diabolique. Dans cette vapeur tout près du soleil et un peu sur sa droite, il s'est formé un pied d'arc-en-ciel remarquable ajoutant à l'étrangeté et à l'irréel du spectacle.

25 Mai. — 25 de Mayo. — C'est la fête de l'Indépendance de la République Argentine ; j'ai fait pavoiser le bateau avec le pavillon argentin en tête du mât.

26 Mai. — Mauvaise nouvelle au réveil, les water-closets sont bouchés par la glace, et il nous faut aller dehors nous geler les doigts et... autre chose. On parviendra évidemment à les déboucher à coups de barre de fer et avec de l'eau bouillante, mais, à moins de précautions perpétuelles, cela se reproduira, et je comprends maintenant pourquoi le duc des Abruzzes, lorsqu'il est venu à Madère visiter le bateau, a tellement insisté sur l'importance de l'installation des water-closets. Les nôtres, à tuyau court et droit, paraissaient pratiques, mais il vaudrait évidemment mieux qu'il n'y eût pas de tuyau du tout.

27 Mai. — Depuis trois jours, il fait un temps inattendu, désagréable et chaud avec vents de S.-W. et brume ; il n'y a que cinq dixièmes de degré au-dessous de zéro. Aussi dégèle-t-il franchement sous le taud, et j'en profite pour faire laver le pont à fond.

La glace est recouverte d'une couche de neige molle et de saumure, qui rend la marche très pénible ; mais néanmoins nous allons photographier au magnésium une grotte de glace trouvée par Gourdon dans la falaise de la baie Sud. Il est difficile de pénétrer dans cette vaste excavation ; elle est féerique d'aspect, mais glissante et sillonnée de formations désordonnées ; grandes feuilles de glace contournées que nous ne voulons pas briser, énormes stalactites et stalagmites qui nous menacent comme autant de sabres sur lesquels on pourrait facilement s'empaler et auxquels d'ailleurs nous nous blessons plusieurs fois.

Au coucher du soleil, la neige a cessé de tomber ; la brume s'est levée, et nous avons assisté à un de ces merveilleux spectacles si fréquents dans l'Antarctique, mais dont on ne se lasse jamais. Les montagnes, aux sommets encore cachés dans la brume, étaient teintées de rose, et, tandis qu'au Nord le ciel se trouvait partagé en deux, noir comme de l'encre vers l'Ouest, bleu d'acier vers l'Est, dans le Sud des tons rose et azur d'une exquise douceur se confondaient sans se heurter, et la glace et les icebergs se paraient de reflets multicolores.

1er Juin. — Depuis hier, la température est retombée.

Nous avons choisi avec Matha, tout près de la maison démontable, un beau rocher présentant une surface tout à fait verticale et bien lisse pour l'installation du pendule du bouquet de la Grye. De suite l'équipage s'est mis au travail et a construit tout autour de ce point une maison de neige.

Aujourd'hui, nous sommes retournés à Hovgard, et nous nous sommes avancés assez loin vers le Sud de l'île, relevant divers endroits où nous pourrions installer un poste de vivres. Nous avons remarqué, au milieu de la glace, de grandes flaques d'eau, dues bien probablement au peu de profondeur et au courant assez fort qui semble régner à cet endroit. Il faisait nuit depuis longtemps quand nous sommes rentrés ; mais le Sud, ainsi que d'habitude lorsque le temps est beau et clair, était illuminé par un arc merveilleux de lumière verte comme une intense lueur phosphorescente. Nous espérons toujours que cette lueur se transformera en une aurore australe. Jusqu'à présent, notre espoir a été déçu ; il ne s'agit véritablement là que d'une sorte d'iceblink crépusculaire et souvent même nocturne.

2 Juin. — J'étais déjà satisfait de notre succès en allant à Hovgard, mais aujourd'hui changement de décor. A 11 heures, hier soir, le vent a subitement tourné au N.-E., et le thermomètre est tout de suite remonté à —2°. A 2 heures du matin, il y avait $+3°,5$, et pendant toute la journée la température oscille entre $+2°$ et 0°. La glace de la baie de la Salpêtrière est couverte de flaques d'eau, et de grands chenaux se sont formés.

3 Juin. — La nuit a été affreuse, surtout vers 4 heures du matin. Le vent a soufflé en ouragan ; la glace, disloquée autour de nous, grinçait le long du bord. Maintenant il fait calme, mais il dégèle, et l'eau coule de toutes parts, mettant de nouveau nos constructions en danger. En bas, il

INSTALLATIONS ET COMMENCEMENT DE L'HIVERNAGE.

fait désagréablement chaud, et, si nous n'allumons pas le poêle, l'humidité est insupportable.

5 Juin. — Depuis hier, calme, neige et température dans les environs de — 2°. La glace est fendillée autour du bateau, et la houle dehors est tellement grosse que, malgré l'accumulation de glaces derrière la chaîne le bateau va désagréablement de l'avant et de l'arrière sur ses amarres, donnant quelques chocs violents.

Au milieu de la baie Sud, la banquise est détruite par les mouvements des icebergs, chassés par le vent et agités par la houle. Nous avons tué trois Phoques, que nous avons vidés et ramenés à notre station.

Ce soir, à 4 heures et demie, le vent change en tournant par l'Est, et le thermomètre baisse.

11 Juin. — Pendant tous ces derniers jours, la température se maintient autour de — 20°, descendant jusqu'à — 23°,5, et le temps est tantôt clair, tantôt sombre, mais généralement avec ciel couvert, assez fort vent de S.-W. et chasse-neige pénible et pénétrant. Avant-hier, vers 5 heures du soir, nous avons joui d'un effet de lumière extraordinaire ; dans le Nord, le ciel était d'un bleu éblouissant de clarté ; le zénith était obscurci par une bande de brume noire, tandis que les montagnes et les nuages qui enveloppaient leurs sommets étaient teintés de rose et de pourpre.

12 Juin. — Depuis quelque temps, j'ai cru remarquer que les hommes avaient un peu perdu de leur entrain ; aussi, pour les distraire et en même temps pour éprouver notre matériel, j'ai décidé de profiter du beau temps d'aujourd'hui et d'organiser un pic-nic. A 10 heures et demie, c'est-à-dire à l'aube, nous partons, treize hommes riant et chantant et cinq chiens aboyant.

Après un long détour et quelques bains de pieds auxquels nous sommes maintenant habitués, nous sommes arrivés à Hovgard, où, sur un sommet élevé, nous avons dressé notre tente.

14 Juin. — Grande réunion de Phoques à Hovgard ; nous en comptons au moins dix, appartenant tous à l'espèce « faux Léopard » ; l'un deux, une femelle pleine, est d'une taille monstrueuse et a bien 1 mètre de diamètre. Un autre se laisse gratter le cou par la pointe de mon piolet, poussant des petits soupirs de voluptueuse satisfaction.

Le soir, la coloration en noir intense du ciel dans le Nord faisait ressortir la blancheur de la neige, tandis que dans l'Ouest une lumière pâle et dorée, estompée par le brouillard, éclairait par morceaux les sommets des icebergs d'une blancheur laiteuse.

15 Juin. — Quatre Phoques ont été tués aujourd'hui autour du bateau. Nous en avons maintenant suffisamment pour jusqu'au printemps, et nous allons pouvoir cesser cette boucherie.

A 9 heures du soir, nous jouissons enfin d'une aurore australe de faible intensité, mais cependant très nette. Du haut de la colline du Cairn, on voyait bien dans le Sud, au milieu d'une grande lueur bleutée, de grands faisceaux lumineux jaillissant droits dans le ciel, tantôt rosés, tantôt verdâtres. Mais le phénomène a duré peu de temps.

16 Juin. — Le détroit de Gerlache, qui semble fermé par un rideau d'ardoise et petit à petit l'île Wiencke se perdant dans les nuées, le thermomètre qui remonte, le baromètre qui baisse, les Phoques nombreux sur la glace, tout cela réuni sont des signes que je connais bien maintenant et qui ne trompent pas ; nous allons avoir un coup de vent de N.-E. De plus, les objets, quelle que soit leur distance, paraissent plus éloignés qu'ils ne sont réellement, et une boîte oubliée sur la neige semble être à une centaine de mètres, alors qu'elle pourrait être atteinte en quelques pas ; c'est le phénomène inverse qui se produit lorsqu'il fait beau et clair, et bien souvent, dans nos excursions, nous croyons arriver rapidement à un iceberg quand il faut plusieurs heures pour y parvenir ; comment estimer les distances dans un pays semblable ? Nous sommes grimpés sur un iceberg de la baie Sud cet après-midi ; le ciel était clair au-dessus de nos têtes, et nous sentions une petite brise du Sud, tandis que nous voyions la neige chassée violemment dans un sens opposé sur les îles et les icebergs du Nord. Mon thermomètre de poche marquait — 9°, tandis qu'à la même heure celui de l'abri météorologique, à 1 kilomètre à peine de nous, marquait — 3°.

17 Juin. — Le vent de N.-E. annoncé a soufflé toute la nuit d'une façon formidable ; une grande caisse de zinc bien lestée et qui nous servait à mesurer la quantité de neige tombée a été enlevée comme une feuille de papier et a disparu. Heureusement que, dès le début du coup de

INSTALLATIONS ET COMMENCEMENT DE L'HIVERNAGE. 63

vent, les petits glaces ont rempli notre anse, et le bateau est en sécurité.

Vers 4 heures, l'île a été envahie par une longue file de Pingouins, plus de mille, venant lentement de la baie Sud. Ils arrivaient sur nous comme une armée d'invasion ; de face, à cause de leur poitrail blanc, leur silhouette se distinguait sur le fond de même couleur, puis presque en même temps ils se sont arrêtés et retournés, faisant alors une grande tache noire sur la neige. Ils ont campé sur place, occupant tout l'espace entre la baie Sud et nos cahutes de neige.

L'eau libre de la baie de la Salpêtrière était en même temps tout agitée par les mouvements désordonnés d'une innombrable bande de Phoques. Il est probable que Poissons et Crevettes viennent plus volontiers sous la glace, et, celle-ci ayant été presque subitement emportée par le vent, Phoques et Pingouins se sont réunis pour leur donner la chasse.

18 Juin. — L'ouragan passe sinistre. C'est un vent qui souffle sans cesse, implacable, mais avec des exaspérations incroyables sous forme de rafales.

Le thermomètre est remonté à — 4° ; la moitié de la maison du pendule construite avec tant de soins est fondue et brisée ; nos vivres sont en danger ; la glace de la baie Sud est morcelée, et nous voici revenus au même point qu'au mois d'avril.

De nombreux Phoques de Weddell nous entourent. Les Pingouins sont partis à la pêche, mais le soir ils reviennent camper de nouveau.

19 Juin. — Enfin ce matin brusquement le vent a cessé, le ciel s'est éclairci, et le thermomètre descend rapidement.

Sept Phoques sont installés sur la glace, autour du bateau ; l'un d'eux est tout contre ma cabine, et je l'entends ronfler.

TROISIÈME PARTIE

HIVER 1904

30 Juin. — Depuis le 19, il fait froid, généralement dans les environs de — 20°, avec tantôt un ciel clair, tantôt un ciel couvert et des vents des régions Sud plus ou moins forts, mais n'approchant jamais en violence ceux du N.-E. Aujourd'hui, le thermomètre marque — 25°, mais, comme il fait calme, cette température si pénible avec du vent est ainsi très supportable. Cependant il faut veiller aux gelures, et, à chaque instant, l'un de nous se précipite pour frotter avec une poignée de neige un coin de la figure de son camarade.

J'ai, personnellement, très rapidement chaud dès que je marche, et je n'ai point encore modifié mes vêtements, ne portant que très rarement l'anorak et la casquette de fourrure. Personne ne se plaint trop d'ailleurs, bien que le froid devienne cependant très pénible lorsqu'il faut rester immobile pour travailler, ou bien lorsque, pour manier des objets un peu fins, il faut retirer ses mitaines, ne fût-ce que quelques secondes. Le métal surtout colle et donne une sensation de brûlure, et toutes les observations deviennent difficiles, lentes et douloureuses. Cependant pas un instant l'un de nous n'a cessé son travail régulier.

La glace s'est formée rapidement autour du bateau, et la jeune glace au début est extrêmement jolie ; les légères ondulations de l'eau, sous cette pellicule très mince, produisent des fêlures divisant toute la surface en morceaux irréguliers enchevêtrés les uns dans les autres comme les pièces d'un jeu de patience ; la légère saillie des traits de fracture se couvre de givre figurant des fleurs délicates, transformant tout l'ensemble en un élégant parterre. Le givre, d'ailleurs, décore tout admirablement, et on ne peut imaginer rien de plus charmant que les contours du bateau, les pavois, les vergues, les agrès, les drisses les plus fines, dessinés ainsi par une bordure de dentelle.

Après Hovgard, dans le Sud du chenal de Lemaire et au large, toute la mer semble prise, à part quelques larges chenaux. Dans le Sud, l'Ouest et le N.-W., sauf peut-être tout à fait à l'extrémité de la baie de Biscoë, où une accumulation de monstrueux icebergs empêche de se rendre compte nettement, il y a une grande banquise inégale et chaotique, s'étendant à perte de vue, entourant comme d'un cercle l'estuaire du détroit qui est encombré de glaces et d'icebergs, mais qui, lui, semble ne devoir jamais se prendre complètement.

Les ascensions même courtes sont pénibles ; il faut tailler des marches au piolet dans la neige gelée et, depuis que nous sommes en hiver, la moindre montée provoque chez nous tous de grands essoufflements ; il y a évidemment une suractivité circulatoire intense qui a peut-être son bon côté en nous empêchant de trop souffrir du froid, mais qui, certainement, fatigue le cœur.

Nous avons pu jouir dernièrement de quelques phénomènes météorologiques curieux, sinon particulièrement rares ; le 27 juin, à 11 h. 20 du matin, par ciel couvert, nous avons observé dans le N.-E. deux petits nuages arrondis présentant, chacun à leur extrémité inférieure, une ébauche d'arc-en-ciel formant un angle coloré de vert, de violet et d'orangé. Le même jour, il y eut un magnifique parahélie très complet avec les deux cercles concentriques, une croix médiane et deux faux soleils. Ce soir, de nouveau, en avant du massif Nord de Wandel, nous avons pu observer un remarquable halo lunaire de grande dimension, paraissant tout rapproché de nous, auréole immobile dans la brume légère qui passait, poussée par le vent, teintée de toutes les couleurs du prisme.

Depuis longtemps, nous n'avons entendu ni vu de Baleines, ce qui me ferait croire que le détroit n'est pas entièrement libre, car elles y étaient auparavant en grand nombre et venaient fréquemment s'ébattre dans la baie Nord. Aujourd'hui, nous avons cependant compté six Orques dans cette même baie.

Le 21 juin a marqué notre entrée dans l'hiver.

13 Juillet. — En somme, notre hivernage se continue jusqu'à présent d'une façon aussi satisfaisante que possible. Chacun est content du travail qu'il poursuit sans relâche, et l'ardeur et la bonne volonté de tous ont suppléé à la préparation hâtive de l'Expédition et aux lacunes résultant de sa pauvreté. Cependant, si nous affectons les uns et les autres de prendre assez légèrement les fatigues et les souffrances, celles-ci sont réelles, et maintenant surtout avec les grands froids qui règnent, atteignant jusqu'à —39°, il faut un véritable courage et une grande énergie pour continuer régulièrement, sans un jour de découragement, sans une minute d'hésitation, des observations, des travaux nécessitant à toute heure du jour et de la nuit des maniements d'instruments de précision, des stations prolongées dehors, dans l'immobilité et souvent l'obligation, pour certains d'entre nous, de travailler avec les mains dans l'eau ou dans des liquides au point de congélation.

Ma préoccupation actuelle la plus grande est du côté des raids. Il serait en effet d'une importance considérable de pouvoir suivre la côte vers le Sud et de constater nettement, une fois pour toutes, s'il y a ou s'il n'y a pas un autre détroit. Celui-ci, existant, pourrait peut-être alors être considéré comme le détroit de Bismarck, signalé par Dallmann en 1874, bien que notre conviction, en consultant et en comparant les cartes, est que l'entrée du détroit de Gerlache est bien ce qui a été relevé par le baleinier allemand et que l'île où nous sommes est l'île appelée par lui Booth. Notre exploration de l'été dernier semble nous le prouver aussi, mais sans nous permettre de l'affirmer, car dans ce pays il faudrait, pour qu'aucune solution de continuité ne vous échappât, suivre pour ainsi dire la côte à son pied. Les glaces nous ont empêché de le faire avec le bateau ; il est fort possible, probable même, qu'il en sera encore ainsi l'été prochain, et nous perdrions notre temps au lieu de l'utiliser pour de nouvelles explorations. C'est donc par la banquise qu'il faut aller, car l'intérieur des terres est ici totalement impraticable. Malheureusement la glace qui, cependant, s'étend à perte de vue, est, depuis que nous sommes à Wandel, trop sujette à être fragmentée en quelques heures pour nous permettre de nous engager dans un raid à pied. Peut-être, au printemps, cela se modifiera-t-il ; mais, coûte que coûte, décidé à partir, je songe très sérieusement à prendre la baleinière et à la traîner quand il le faudra.

14 Juillet. — A 8 heures du matin, dans une obscurité noire, froide et brumeuse, trois fois de suite notre petit canon, le même qui à la même date, il y a deux ans, saluait notre fête nationale devant Jan Mayen, a tonné pendant que le grand pavois montait dans la mâture.

17 Juillet. — Après une journée de vent de S.-W. avec neige et température plus élevée, le thermomètre redescend de nouveau. Rolland, en faisant des trous dans la glace, prend une assez grande quantité de Poissons, de la même espèce d'ailleurs que ceux pêchés précédemment au filet.

18 Juillet. — Triste journée. Matha, très tranquillement après le déjeuner, m'annonce qu'il lui est impossible de continuer certains de ses travaux, ayant des palpitations, des tendances à la syncope, et les jambes enflées; il a voulu, me dit-il, lutter jusqu'à présent, mais il est à bout de forces. Je me souviens alors de ses chutes le 14 juillet, de sa mine un peu tirée dont je ne me préoccupais pas, car nous avons tous plus ou moins le teint jaune et la figure fatiguée. Je le fais coucher de suite et, très inquiet, je l'examine, car, pour qu'un homme comme Matha me parle ainsi qu'il vient de le faire, il faut qu'il soit sérieusement atteint. L'œdème de ses jambes est considérable; l'examen du cœur et de la circulation ne laisse aucun doute, et le diagnostic de myocardite s'impose. Devant la gravité du cas, je crois devoir réunir en une sorte de consultation Turquet et Gourdon, et je leur expose mes craintes et le régime auquel je vais soumettre notre camarade.

Le médecin est bien souvent désarmé; il peut lutter pourtant, et nous lutterons, car rien n'est désespéré. A cette même date, peut-on dire, Hansen, le naturaliste de l'Expédition antarctique de Borchgrevinck, a éprouvé des symptômes identiques et mourut en octobre; également une maladie similaire enleva un des hommes de Larsen, pendant l'hivernage, à Paulet; mais on peut répondre que Lecointe, de l'Expédition belge, tomba malade en juillet, lui aussi, et fut guéri en une quinzaine.

Étant donné les symptômes dont je souffre moi-même, et dont quelques-uns, à bord, se plaignent plus ou moins, cette maladie que, très improprement, on appelle anémie polaire, peut être attribuée à une suractivité circulatoire à laquelle les vaso-moteurs ne doivent pas être primitivement étrangers, et due, à mon avis, à une modification probable de la constitution même de l'atmosphère dans ces régions en hiver. Il est certain que semblables affections n'ont jamais été signalées en été, et il est difficile, dans notre cas, encore bien plus dans celui de l'homme mort à Paulet, par 65°35′ de latitude, d'incriminer la nuit hivernale, qui est aussi longue en Islande, plus longue même au nord de la Norvège, et où jamais pareilles choses ne s'observent. Néanmoins c'est avec joie que j'envisage que la durée de la présence du soleil, dont l'influence ne peut être que bienfaisante, augmente journellement, et, comme je dois tout essayer, j'appliquerai le traitement du Dr Cook, d'autant plus qu'il est rationnel et inoffensif. Celui-ci consiste à faire passer tous les jours au malade déshabillé quelques heures devant le poêle chauffé au rouge. Mais je compte surtout sur le repos absolu et les bons effets du lait, de la somatose et du Poisson, avec un peu de digitale et de caféine.

23 Juillet. — Je suis réveillé de bonne heure par les mouvements désordonnés du bateau et les gémissements de la glace le long du soufflage. Une grande houle du Nord s'est subitement levée sans le moindre vent et a cassé autour de nous la glace, qui avait cependant 30 centimètres d'épaisseur. Une demi-heure après, toute la banquise jusqu'à la chaîne est en dérive, entraînant un de nos filets. Cette houle dure toute la journée, et la glace ne cesse de grincer le long du bord d'une façon énervante en donnant des chocs durs.

L'état de Matha, bien que toujours grave, s'est cependant amélioré; son pouls est plus régulier, plus rapide et, symptôme excellent, il discute tous les traitements.

24 Juillet. — Nuit abominable; à force de frotter contre le bateau, la glace s'est usée, et les blocs ayant maintenant du jeu viennent, mis en mouvement par la houle, frapper, comme une dizaine de gros béliers, le bateau qui vibre et gémit. Les pompes sont dégelées et parées, et toutes les heures on sonde la cale. Dans l'après-midi heureusement, le calme revient. Mais le thermomètre est toujours très bas et le baromètre fixe; il ne semble donc pas que le temps doive changer dans nos parages.

25 Juillet. — Nous partons de très bonne heure avec Pléneau et Gourdon. Nous nous engageons dans le chenal de Lemaire, et nous pouvons passer avec un peu de précautions, grâce à nos skis, sur une glace fragmentée et peu épaisse, probablement usée en dessous par le courant. Les chiens nous ont accompagnés et s'attaquent à un Phoque dormant sur la banquise. Nous finissons par arriver à une pointe de l'île Lund, où nous prenons quelques relèvements et croquis. Nous revenons à bord par un splendide clair de lune, qui nous permet de voir comme en plein jour.

Je suis décidé à faire installer un poste d'approvisionnement à Hovgard, qui deviendra ainsi notre point de départ pour les raids.

28 Juillet. — Matha s'améliore de jour en jour.

Nous sommes partis ce matin avec Rallier et Robert, emmenant deux traîneaux tirés par les chiens. Nous emportons à Hovgard deux caisses de biscuits, 6 kilos de viande de Phoque marinée, une trentaine de boîtes de conserve, de l'alcool et du pétrole, la petite tente et diverses choses pour installer notre dépôt. Comme la perte de ce matériel serait désastreuse, je passe devant avec Gourdon, sondant minutieusement la glace, tandis que Pléneau et les deux autres s'occupent des chiens et traîneaux. Nous trouvons un bel abri entre deux rochers pour notre petit dépôt.

L'île Wiencke s'enveloppe dans les nuées noires qui s'avancent vers nous. Le baromètre baisse, le thermomètre monte rapidement à — 4°, et le sinistre vent du N.-E. se met à souffler. Le clapotis se fait sentir tout de suite très fort, et la glace qui nous entoure, cassée en gros morceaux, vient butter contre nous d'une façon inquiétante, surtout aux environs de l'arrière.

Le vent ne nous amène pas de nouvelles glaces comme d'habitude ; elles sont probablement retenues, englobées dans quelque banquise le long de la côte. La situation devient de plus en plus grave, le bateau reçoit des chocs formidables, auquel il répond par des craquements qui peuvent faire appréhender les plus sérieuses avaries. Je fais descendre des hommes attachés par des cordes sur les glaçons ; j'y descends moi-même et, éclairés par des lanternes, secoués par la houle, nous cherchons à briser à coups de pelles et de pioches les pointes les plus dangereuses, et nous passons de gros madriers sous les formes arrière du bateau. Quelle sinistre nuit ! les objets les plus importants sont disposés pour être rapidement portés à terre, et déjà j'ai avisé à l'installation de notre malade dans la maison démontable. Mais le bateau est solide et tient bon.

Ce n'est que vers 5 heures du matin que le calme revient un peu et que, tout habillé, je me jette sur mon lit pour prendre quelques heures de repos après cette pénible alerte.

29 Juillet. — Ce matin le temps est délicieux, et, à travers une brume peu épaisse, blanche et légère, nous apercevons le ciel bleu et les cimes des montagnes éclairés par les rayons obliques du soleil bas sur l'horizon.

Je remarque que Fia est en train de muer ; de grandes touffes tombant cèdent la place à de jolis poils plus courts. Cette mue en plein hiver proviendrait-elle de ce que cette chienne du nord, qui est la plus vieille de toutes, a gardé l'habitude de muer à l'époque correspondant à l'été de l'autre hémisphère, l'accoutumance aux saisons d'ici n'ayant pu se faire chez elle comme chez les autres plus jeunes, ou peut-être même natifs de l'hémisphère Sud ?

4 Août. — Matha est toujours extrêmement faible ; l'œdème de ses jambes diminue avec le repos, mais augmente rapidement dès qu'il reste un peu debout; néanmoins l'amélioration générale se maintient et s'accentue plutôt.

Tous ces jours-ci, vents variables ; ceux du Nord-Est amènent enfin des glaces qui nous garantissent de la houle et sont accompagnés de variations de température de 20°. Le 2 août, nous avons eu une chute de neige abondante en gros flocons, ce qui n'était pas arrivé depuis longtemps. Mais, depuis hier, il fait de nouveau très froid avec vents du Sud qui ont emporté les glaces derrière la chaîne, ne laissant autour de nous que la glace formée dans l'anse elle-même. A 6 heures du matin, une grosse houle se forme malgré le vent de direction contraire, et la danse et les chocs recommencent de plus belle, le baromètre baisse, le thermomètre remonte rapidement de — 19° à — 8°. Puis le vent change cap pour cap, et la situation devient aussi grave que le 28 juillet. Les mêmes dispositions sont prises pour évacuer le bateau en cas de besoin, et de nouveau il faut descendre sur les glaçons en tumulte et engager une pénible et dangereuse lutte. Dans les courts moments de répit, nous envisageons, sans trop d'appréhension, ma foi, l'éventualité d'une quinzaine de mois sous la tente, jusqu'à ce qu'on vienne nous chercher.

De grandes quantités de glace arrivent dans la soirée, et tout danger est de nouveau momentanément conjuré.

6 Août. — Pendant deux jours, le vent du N.-E. a soufflé en épouvantable ouragan, plus fort peut-être que nous ne l'avons jamais ressenti, et lorsque, presque subitement, il a cessé, vers midi, nous étions tous ahuris par le silence succédant au bruit continu, affolant, dans lequel nous venions de vivre. Le thermomètre, monté à — 0,8, est redescendu tout de suite, et déjà le vent du Sud, secondé par le courant, enlève toute la glace qui nous entoure. Malheureusement, la banquise de la baie de la Salpêtrière est partie aussi, et les glaces, amenées par le vent actuel, ne sont que des floes morcelés et des débris d'icebergs.

Vers 4 heures, nous jouissons d'effets de lumière extraordinaires. Du côté du chenal de Lemaire et dans le Nord, sous un ciel absolument noir, sétend une grande bande bleu violet, rejoignant presque sans transition dans l'W. un admirable ciel azuré, tandis que, dans le S.-W., se dresse en éventail gigantesque, un pied de vent rouge et rose, s'éparpillant en cirro-stratus ocre rouge.

11 Août. — Au large, vue des hauteurs, la banquise, repoussée par la dernière tempête, ne s'avance qu'un peu en avant de l'horizon, laissant dans l'estuaire un immense cercle d'eau libre où flottent les icebergs ; mais, derrière les îles qui font suite à Hovgard, la mer est toujours prise. Coûte que coûte, je suis décidé à partir en reconnaissance avec la baleinière, bien que nous soyons en plein hiver, et à établir un important dépôt de vivres, si c'est possible. L'embarcation est traînée devant le magasin général, soigneusement visitée, et nous entreprenons des essais d'arrimage de tout notre matériel et des vivres bien empaquetés dans des sacs carrés en toile fabriqués à bord. Nous n'avons plus qu'à attendre la fin du coup de vent actuel de N.-E., car le régime des glaces ici est des plus simples, maintenant que la baie de la Salpêtrière est de nouveau libre ; tant que souffle le N.-E., les glaces, dans cette dernière baie, sont repoussées vers Hovgard, mais, par contre, d'autres viennent s'accumuler dans la baie Nord de Wandel. Dès que le N.-E. a cessé de souffler, ces dernières repartent, tandis que celles d'Hovgard reviennent garnir notre côte de la baie de la Salpêtrière. Le bon moment pour chercher à passer est pendant la courte période où les glaces sont en dérive, et nous devrons lancer la baleinière, suivant le cas, dans la baie de la Salpêtrière, ou dans la baie Nord, pour chercher à gagner Hovgard par le chenal de Lemaire, ou par le N.-W. de Wandel. De ce dernier côté, les icebergs sont tassés, mais nous parviendrons, je crois, à nous faufiler entre eux, et cette route est beaucoup plus courte.

12 Août. — Aussitôt le coup de vent terminé, la baleinière a été mise à l'eau dans la baie Nord, et nous sommes partis.

Il fait calme et très doux ; le thermomètre, remonté pendant la tempête jusqu'à 0°, n'a pas encore eu le temps de descendre plus bas que — 9°. Nous longeons Wandel, et il nous semble quitter un endroit très habité, car les hommes répandus sur les hauteurs et les promontoires nous suivent en agitant leurs bonnets. Mais bientôt nous sommes sous une grande voûte de brume qui nous cache les sommets des icebergs, entre lesquels nous tâchons de passer.

La température baissant toujours, notre navigation est rendue difficile par une pellicule de jeune glace qui vient de se former, et il ne nous est possible d'avancer qu'en nous déhalant à bras, le long des icebergs. Enfin, après beaucoup de chocs et de passages mouvementés, nous retrouvons l'eau un peu plus libre, et nous passons dans un dédale de glaces et d'îlots. Nous arrivons ainsi à un chenal qui semble nous permettre de nous rapprocher d'Hovgard, déjà dépassé ; mais la banquise, que nous ne voyons pas, au ras de l'eau comme nous le sommes dans notre canot, nous barre la route de tous côtés. Elle est formée ici par une glace épaisse, mais molle et pâteuse, qui se traverse comme de la vase, dès que nous mettons le pied dessus. Il fait déjà nuit et, après être monté sur un hummock pour inspecter les environs déconcertants, nous abordons à un petit îlot bas, couvert d'une couche épaisse de neige. Avec assez de peine, car la croûte de glace de notre îlot forme une banquette élevée, nous parvenons, au moyen d'une ancre à glace et d'un palan, à hisser le canot hors de l'eau ; puis nous déblayons un carré de neige et dressons la tente.

Le lendemain matin, le temps est d'abord magnifique et nous permet de voir Hovgard et la banquise du Sud dans une apothéose de lumière bleue et blanche. Notre petite île a environ 300 mètres carrés et présente une surface absolument plane. Sauf du côté où nous avons abordé, elle est entourée de cette abominable glace pâteuse qui forme une barrière infranchissable. Nos investigations du voisinage sont interrompues par une brume grise qui enveloppe tout, laissant voir le ciel très bleu au-dessus de nos têtes. Avec de plus grandes difficultés encore que celles éprouvées la veille pour établir notre campement, nous rechargeons dans notre baleinière le matériel alourdi par le givre, et nous la remettons à l'eau. Il est grand temps de nous éloigner, car une croûte de glace assez épaisse s'est déjà formée, menaçant de nous bloquer. Notre programme est de chercher pendant quelques heures un passage permettant d'aborder à Hovgard ; si, contre toutes probabilités, nous le trouvons, nous nous installons sur cette île, sinon nous rentrons à bord pour repartir le lendemain par le chenal de Lemaire. Nous mangerons soit à Hovgard, soit à bord ; inutile donc de faire la cuisine, et ceux qui ont faim se contenteront d'un peu de chocolat et de biscuit.

Nos tentatives sont vaines ; toujours cette même horrible glace pâteuse nous barre la route, et la brume nous gêne à tel point qu'à un certain moment, après nous être péniblement frayé un chemin de vive force et après avoir nagé pendant plus d'une heure, nous nous retrouvons à l'endroit précis d'où nous étions partis, n'ayant fait que le tour d'un grand îlot. Nous cherchons à regagner Wandel, et nous naviguons par cette brume glaciale dans un labyrinthe d'icebergs dont nous n'apercevons que des morceaux de murailles irrégulières, le long desquelles nous passons en tâtonnant comme des aveugles. A la fin de la journée, nous ne savions plus à quel saint nous vouer, quand, ayant été entraînés probablement par le courant, nous apercevons les récifs bien connus du cap S.-W. de notre île, et peu après nous rentrons à bord. Pendant plus de sept heures, immobile, j'ai dû tenir la barre, et je suis tellement figé que l'on est obligé de me déplier comme un paquet, et, malgré mes mitaines, trois de mes doigts sont en sang. Mes compagnons sont éreintés et ne valent guère mieux, bien que, réchauffés par la nage, ils aient peut-être moins souffert du froid. Malgré tout, nous faisons honneur à notre repas et nous sommes enchantés de cette excursion, qui nous a permis d'éprouver le matériel et de recueillir, avec l'expérience, quantités d'indications utiles.

14 Août. — La brume d'hier persiste, intense, et ne se lève pendant quelques heures, dans l'après-midi, que pour retomber de plus belle. Nous repartirons quand même demain en baleinière.

15 Août. — Nous avons encore échoué dans notre tentative d'aborder à Hovgard. Toujours les cinq mêmes nous partons en canot à 9 heures du matin par une brume intense et obligés, pour ne pas nous égarer, de côtoyer Wandel. Nous doublons la pointe Nord de l'île et nous entrons dans le chenal de Lemaire sans quitter le pied de la terre, ne voyant même pas l'autre rive cependant très rapprochée. Sortant de la brume au-dessus de nos têtes, ou perchés sur les rochers, sont quantités de Sternes, de Thalasseca et de grands Pétrels. Ces oiseaux, signes avant-coureurs du printemps, reviennent nombreux, bien que nous ayons encore un mois d'hiver à passer.

En débouchant du chenal, la brume se levant légèrement devient comme un plafond bas et ouateux, teinté d'or par les rayons du soleil, et nous pouvons nous rendre compte que nous sommes par le travers d'Hovgard, séparés de notre but par 2 milles environ de grands floes brisés et réunis par une jeune glace déjà très résistante, qui forme une désespérante barrière. Cette pellicule de glace est trop mince pour que nous puissions songer à nous aventurer dessus, trop épaisse pour nous permettre de passer avec l'embarcation, même d'y enfoncer nos avirons, et, soudant et réunissant les floes ensemble, elle nous empêche également d'écarter ceux qui nous barrent la route.

Nous essayons néanmoins de nous frayer un passage, nous livrant pendant plusieurs heures au travail le plus pénible que l'on puisse imaginer par ce froid intense. En deux heures, nous ne sommes parvenus à franchir qu'environ 30 mètres. Il nous faut donc y renoncer, d'autant plus que la brume s'est refermée autour de nous. A grand'peine nous rentrons de nouveau dans le chenal de Lemaire, où de la jeune glace par grandes plaques couvre la surface de l'eau et où quelques gros débris d'icebergs se sont accumulés. La pointe Nord de Wandel doublée, nous devons naviguer au compas par une nuit noire et brumeuse, car les glaces abondantes nous empêchent maintenant de suivre la côte et nous obligent à de nombreux détours. Enfin, au moment où, ayant manqué l'entrée de notre port, nous nous engagions dans une mauvaise direction, nous apercevons le fanal que par précaution j'avais dit de mettre en tête du mât, et nous rentrons à bord après dix heures d'un travail épuisant, n'ayant pris comme nourriture qu'un peu de biscuit hâtivement dévoré.

31 Août. — Cette fin de mois a été particulièrement venteuse. Les coups de vent de N.-E. se sont succédé, séparés par des périodes plus ou moins courtes de vent de S. ou de calme, variant en durée, de quelques heures à un ou deux jours. Du 21 au 24, l'ouragan semble avoir atteint son maximum de violence, et, chose curieuse, pour la première fois depuis que nous sommes dans l'Antarctique, le temps avec vents de N.-E. a été, pendant ces quatre jours, absolument clair et sec, la température restant néanmoins assez élevée aux environs de + 1° et de 0°.

Grâce à l'accumulation des glaces derrière la chaîne qui résiste à de fantastiques pressions, le bateau est en sécurité, ne donnant que de temps à autre, par suite d'une onde de houle un peu plus forte, un coup violent contre les rochers avec sa joue de tribord. Une ancre à glace à bâbord et une forte amarre qui veut bien résister finissent par nous permettre d'éviter ce choc, qui pourrait devenir dangereux à la longue.

Pour la première fois depuis longtemps, à quelques jours d'intervalle, deux Baleines sont venues visiter notre baie Nord. Des Pingouins, en assez grand nombre, sont revenus à la rockerie ; nous avons cru qu'ils s'installaient définitivement ; mais, après quelques jours, ils sont repartis. Peut-être sont-ils simplement venus s'occuper des locations de terrain pour l'été.

1er Septembre. — Le vent est tombé hier soir, et ce matin il fait un temps mou avec petites brises sautant brusquement du Nord au Sud. La glace dans la baie Sud ne peut donc s'accumuler ni sur les côtes de notre île, ni sur celles d'Hovgard ; nous en profitons pour mettre la baleinière à l'eau, et, peu de temps après, nous débarquons enfin nos provisions et une bonne partie du matériel, que nous rangeons dans une longue et profonde fente, entre deux rochers, que nous devons plus tard transformer en habitation. Nous revenons à bord le soir.

3 Septembre. — Hier il a fait très mauvais, mais ce matin le vent a molli, et nous sommes repartis. Sans aucune difficulté, nous arrivons à Hovgard, et, après avoir déchargé la baleinière, nous la hissons au moyen de l'ancre à glace et d'un palan, sur un petit promontoire à l'abri des accidents.

4 Septembre. — J'ai sonné le branle-bas à 7 h. 30, et, après avoir mangé un bout de chocolat, nous lançons la baleinière et cherchons à regagner Wandel pour compléter nos approvisionnements; nous parvenons au pied de la falaise de glace perpendiculaire; mais les floes accumulés ne nous permettent pas d'aller plus loin, et nous revenons à Hovgard.

Le temps est beau et clair; nous partons faire l'ascension du sommet élevé de l'île où nous sommes. Nous devons faire un grand détour pour gagner la partie de l'île où se trouve le pied de cette hauteur, et, après avoir dû descendre d'abord un escarpement de neige molle, presque à pic, nous parvenons lentement au sommet en gravissant une pente assez douce, mais rendue pénible tantôt par l'épaisseur de la couche de neige, tantôt par l'absence totale de celle-ci, qui nous laisse sur une glace polie et luisante, où nous glissons avec nos chaussures de skis dégarnies de clous. Quelques crevasses donnent une petite pointe de danger à cette ascension, autrement peu périlleuse, à condition de ne pas éprouver le vertige et de veiller aux faux pas.

Au sommet, mon anéroïde indique 400 mètres d'altitude; à notre gauche, une falaise de glace perpendiculaire descend à la mer. En regardant vers le S.-E., nous poussons tous les cinq un cri de joie et d'étonnement, car un archipel, au milieu d'un vaste détroit, s'étend devant nous à perte de vue; mais, hélas! notre satisfaction est de courte durée; la brume se dissipe, et cette vision s'efface, ne laissant plus comme réalité que les sommets des montagnes réunis par les glaciers. L'illusion cependant avait été telle que nous avions commencé des croquis de ces îles par trop nouvelles.

La banquise est tout à fait morcelée; il ne faut plus compter pouvoir s'engager dans un raid sans embarcation. Après avoir pris quelques vues de côte et des relèvement au compas, nous redescendons avec forces glissades, mais sans accident.

Des Chionis, des Pagodromas viennent voltiger et picorer autour de nous; des Cormorans et des Mouettes passent au-dessus de nos têtes ; une quarantaine de Pingouins vont et viennent, et de nombreux Phoques se vautrent sur la glace, au bord de l'eau.

Le calme est extraordinaire, c'est la nature en repos, une nature bizarre, farouche et douce en même temps, avec des colorations perpétuellement changeantes, faisant varier à l'infini ce paysage grandiose.

Et voilà que subitement un chant étrange dans le calme de cette soirée s'élève au bord de la mer, une sorte de glou-glou comme ferait un liquide sortant d'une grosse bouteille à goulot étroit, puis un sifflement lent et modulé, et enfin une longue plainte très douce qui va en s'éteignant. Un même chant répond au premier et plus loin encore un troisième. Ce sont des Phoques de Weddell qui chantent ainsi. L'impression est étrange, triste et délicieuse à la fois ; les chants se répètent avec leur douceur et leur charme, et immobiles et silencieux nous écoutons, imprégnés de toutes les sensations qu'impose cette nature mystérieuse.

5 Septembre. — Nous avons fait aujourd'hui une longue excursion, et nous avons découvert, entre autres choses intéressantes, presque à l'extrémité Sud de Hovgard, deux endroits où nous pourrons hisser la baleinière et camper dans d'assez bonnes conditions. Malheureusement la brume a beaucoup gêné la dernière partie de nos observations.

6 Septembre. — La baie qui nous sépare de Wandel est toujours très encombrée, mais nous avons terminé pour le moment ce que nous voulions faire ici, et nous cherchons à rentrer à bord en laissant notre habitation en état. Du haut de la colline, j'avais bien relevé un chenal qui nous conduisait jusqu'à un gros iceberg au milieu de la baie et que nous atteignons facilement ; nous nous trouvons alors dans un labyrinthe ; de l'embarcation, nous ne voyons rien et nous tentons de nous frayer un chemin au hasard, de vive force, en nous paumoyant le long d'énormes icebergs qui laissent entre eux à peine la largeur du canot. A un certain moment, nous devons passer dans un long tunnel si bas qu'il faut nous coucher dans l'embarcation et même enlever les tolets. Ce tunnel était formé par la juxtaposition des concavités de deux icebergs usés à leur base par les vagues, comme cela arrive à tous ceux qui sont à flot depuis longtemps.

Après d'innombrables tours et détours, nous finissons par arriver à Wandel sans avoir été vus de personne, et nous surprenons nos compagnons qui ne pouvaient supposer qu'il nous serait possible de forcer les glaces dans leur état actuel.

Le N.-E. se remet à souffler avec violence, et nous nous réjouissons d'avoir pu rentrer, car, avec cette tempête, nous n'aurions rien pu faire à Hovgard que de rester terrés dans notre trou.

15 Septembre. — Les coups de vent du N.-E. se succèdent presque sans interruption avec l'accompagnement habituel de brume et de neige. Aussi les excursions se trouvent-elles forcément limitées aux quelques rares heures de beau temps qui subitement surviennent avec une saute de vent vers le Sud, mais qui ne persistent malheureusement pas pendant une journée entière.

Nous faisons d'assez fréquentes ascensions du côté du massif Sud de Wandel, qui, en dehors de l'intérêt géologique et glaciologique qu'il présente, est pittoresque et grandiose avec ses glaciers chaotiques, ses précipices formidables, ses cheminées et les changements perpétuels qu'entraînent dans son aspect la brume, le soleil ou la neige. Les sommets Jeanne et Guéguen, dont j'ai fait mes observatoires pour constater l'état des glaces, sont devenus pour moi des buts presque journaliers. J'ai pu, de cette façon, il y a quelques jours, relever un chenal dans la baie Sud, et, ayant fait armer rapidement la baleinière, profiter de ce passage temporaire pour retourner à Hovgard.

Cette persistance des grands vents de N.-E. a entassé dans la baie Nord une quantité formidable de glaces, comme jamais nous n'en avions vu auparavant. La chaîne a retenu les premiers gros morceaux; le bateau n'a rien à craindre maintenant; mais, si toute cette glace se soudait ensemble par une forte gelée, nous serions solidement bloqués.

Les Cormorans commencent à faire leurs nids, et c'est un va-et-vient perpétuel au-dessus de nos têtes.

Les Chionis nous ont en grande partie abandonnés pour aller rejoindre les Cormorans dans leur rockerie, trouvant dans les Algues encore fraîches des nids les animalcules dont ils sont évidemment friands.

QUATRIÈME PARTIE

PRINTEMPS 1904

30 Septembre. — Les derniers jours de ce mois ont été enfin favorisés par le beau temps.

Les ophtalmies recommencent dès que le soleil, maintenant qu'il est plus haut sur l'horizon, brille un peu; les lunettes que nous avons sont insuffisantes, et j'en construis un modèle que Poste met très adroitement en exécution avec de la toile métallique et les quelques verres un peu foncés que nous possédons.

Matha, presque tout à fait rétabli, continue les observations pendulaires et, accompagné de Pléneau et de Gourdon, fait le lever très exact de notre île et des environs.

Nous avons pu nous rendre deux fois en embarcation à Hovgard, où notre installation tient toujours bon. La première fois, le retour a été très pénible; surpris par un coup de vent de N.-E., nous avons dû, pour pouvoir tenir tête, suivre la falaise de glace qui nous abritait ainsi de la mer; mais des parcelles de glaces détachées de sa corniche venaient nous frapper avec une force inouïe, nous blessant comme s'il s'était agi de sable ou de cailloux.

13 Octobre. — L'ouragan du N.-E. reprend. Depuis le commencement du mois, nous n'avions que du calme ou des vents de S. ou de S.-W. assez forts, il est vrai, et quelquefois accompagnés de neige et de temps gris; aussi le froid, pendant toute cette période, a-t-il été vif, le thermomètre redescendant jusqu'à — 20°. La banquise de la baie Nord est fortement soudée, et nous avons pu y faire de longues excursions; l'une d'elles m'a même entraîné à un bain complet, et je suis passé sous la glace, retrouvant mon chemin pour remonter je ne sais trop comment. Il y en a peu à bord qui n'aient pas joui de quelques-uns de ces bains partiels ou complets. La différence entre la température de l'air et celle de l'eau donne, au moment de l'immersion, une sensation de chaleur et, à condition de marcher un peu vite pour rentrer, même lorsqu'il fait plus de 15° au-dessous de zéro, on ne souffre vraiment pas trop dans la carapace de glace qui se forme immédiatement.

Aujourd'hui, le N.-E. se remet à souffler, et je ne l'accueille pas trop mal ; car, maintenant que la saison est si avancée, je ne compte plus que sur la baleinière pour effectuer des raids. D'autre part, la banquise solide et épaisse qui encercle le bateau, formée d'une superposition et d'un entassement invraisemblable de floes et de débris d'icebergs, m'inquiète. En 1893, au mois de novembre, Evensen a trouvé la mer libre extrêmement loin dans cette même région ; en 1903, c'est également en novembre que l' « Uruguay », sans trop de difficultés, a pu parvenir à Snow-Hill ; mais je crains bien que cette année, tant sur la côte qu'au large, nous ne puissions compter sur de semblables bonnes conditions.

16 Octobre. — Il fait froid et beau. Quelques douzaines de Pingouins reviennent maintenant régulièrement le soir à leur ancienne rockerie.

20 Octobre. — Les Pingouins sont revenus en abondance ; il y en a autant maintenant qu'à notre arrivée dans l'île, et ils occupent leurs anciens emplacements, empiétant même sur la rockerie des Cormorans et s'installant entre les nids déjà terminés de ceux-ci. Les Mégalestris, les grands Pétrels, les Sternes et les Mouettes sont également revenus, et les Phoques se montrent plus fréquemment et en plus grande abondance.

Il arrive assez fréquemment que, dans les petites ascensions, nous rencontrions quelques véritables Pingouins isolés, sans jamais pouvoir nous rendre compte de ce qu'ils viennent faire à de pareilles hauteurs, où, vu les moyens de locomotion dont ils disposent, ils ne parviennent qu'avec la plus grande difficulté. Nous en avons trouvé un fort alerte et bien portant se promenant à 400 mètres d'altitude ; peut-être, après tout, se demanda-t-il aussi ce que de notre côté nous venions faire là.

25 Octobre. — Le vent s'est mis à souffler avec fureur de l'E.-N.-E., et toute la glace a été rapidement chassée de la baie Sud.

31 Octobre. — Profitant d'une amélioration dans le temps, nous sommes repartis et nous venons de passer encore quelques jours avec l'équipe habituelle à Hovgard. Les Pingouins, comme à Wandel, couvrent à peu près tous les rochers qui sortent de la neige ; ce sont presque exclusivement des Papous, au bec rouge et au triangle blanc partant de l'œil. Ils commencent leurs nids, et nos quelques heures de repos se passent dans leur amusante compagnie.

Tous nos efforts ont tendu vers l'île qui est au Sud de Hovgard, mais nous nous sommes encore trouvés en présence de glaces infranchissables, uniquement formées, cette fois, d'icebloes et débris provenant des glaciers et tassés les uns contre les autres. Pendant assez longtemps, nous avons dû côtoyer la haute falaise de glace de Hovgard, crénelée d'énormes et fantastiques formations, qui semblent vouloir à chaque instant se détacher pour nous écraser. Quelques morceaux assez gros tombent avec fracas sans nous atteindre, heureusement, et ne nous gênent que par la grande houle qu'ils produisent et qui nous envoie caramboler dangereusement contre les glaces flottantes.

Nous sommes remontés ensuite au sommet avec Gourdon, et nous avons pu constater qu'après l'avant-garde d'icebloes se trouve une banquise mince qui nous sépare de l'île suivante, mais qui a l'air de devoir céder au premier fort coup de vent.

La banquise du large s'est écartée, laissant un grand cercle d'eau libre qui s'étend depuis Hovgard jusqu'au cap Lancaster ; mais elle se perd derrière l'horizon, et ce n'est certainement pas cette année-ci que, au mois de novembre, nous pourrons nous échapper vers le Sud.

Nous avons pu examiner de près et photographier un icebloc remarquable complètement coloré en noir par l'énorme quantité de terre incrustée dans ses flancs. Gourdon, bien entendu, en a recueilli des échantillons.

Malheureusement, le temps, redevenu mauvais, nous oblige à écourter notre séjour ; c'est même avec assez de mal et en luttant contre le N.-E. que nous parvenons à rallier le bord.

1ᵉʳ Novembre. — Tempête de vent et de pluie ! Il y a dix mois que nous n'en avons vu, mais nous nous en serions volontiers passés, car un des charmes de ce pays réside justement dans son absence. Dans le carré, il pleut presque autant que dehors.

Expédition Charcot.

Ce soir, à 10 heures un quart, éclairs et tonnerre. Pour ces régions, c'est, je crois, un phénomène assez extraordinaire et tout à fait inattendu. Le thermomètre est monté à 4°.

3 Novembre. — Le mauvais temps dure encore et semble ne pas vouloir cesser. Il tombe tantôt de la pluie, tantôt du grésil, tantôt des flocons de neige mouillée gros comme des pièces de cent sous. Tout le bateau est couvert d'une pâte épaisse et, à chaque instant, avec un petit bruit d'avalanche, il se détache des morceaux qui tombent de la mâture sur le pont, atteignant souvent ceux de nous qui s'y trouvent. Dans les rochers, il se forme des cascades, et nos constructions sont sérieusement menacées.

Ce temps affreusement désagréable aura peut-être l'avantage d'activer le dégel; mais, en attendant, le cercle d'eau libre que nous avions constaté il y a quelques jours du côté du large est comblé par le pack-ice, qui s'est rapproché et s'étend à perte de vue.

7 Novembre. — Le vent est tombé, il fait calme, mais gris et humide. Nous allons à Hovgard en baleinière, et nous plantons sur une élévation de cette île un signal hydrographique.

9 Novembre. — Les hommes s'occupent activement de ramener à bord les conserves qui se trouvaient dans le magasin général, afin que nous puissions commencer à arrimer le bateau pour la campagne d'été.

Rey a commencé ses observations d'électricité atmosphérique, qu'il va poursuivre maintenant, et il est satisfait des premiers résultats obtenus.

Pour l'étude des courants, j'ai jeté autour de l'île une vingtaine de bouteilles accouplées contenant des documents et munies de petits drapeaux; seront-elles jamais retrouvées?

10 Novembre. — Pierre Dayné et Gourdon sont partis ce matin à 9 heures par un temps superbe faire l'ascension du massif Sud de Wandel. Gourdon a rapporté d'intéressantes photographies et observations concernant les crêtes de ces montagnes. Les ascensionnistes, auxquels cet exploit fait grand honneur, ont laissé au sommet élevé de 900 mètres, où ils sont parvenus, un petit drapeau en fer-blanc que l'on voit très bien du bord quand les rayons du soleil viennent le faire briller.

12 Novembre. — Nous avons mangé nos premiers œufs de Cormorans en omelette le 7 novembre. Celle-ci était, ma foi, fort bonne, malgré sa coloration rouge un peu déroutante au premier abord. Maintenant, les Pingouins pondent à leur tour, et nous avons pu ramasser aujourd'hui plus de trois cents œufs, provenant des uns et des autres. Les Cormorans en donnent normalement trois à cinq, mais les Pingouins se contentent au maximum de deux. Ceux-ci, gros comme des œufs d'oie, sont très bons au goût, mais ne peuvent être comparés, bien entendu, ni aux œufs de poule, ni même à ceux de cane.

Depuis quelques semaines, c'est peu à peu que, tous les soirs, les Pingouins revenaient en nombre de plus en plus considérable s'établir dans l'ancienne rockerie. Sont-ce les mêmes que l'année dernière? ou, comme le prétendent certains naturalistes, sont-ce seulement les enfants de ceux-ci? Pour s'assurer de ce curieux détail, il aurait fallu, l'automne dernier, mettre aux jeunes de petits bracelets, et j'avoue avec regret que nous n'y avons pas pensé.

A peine arrivé, tout ce petit monde s'est mis au travail sans s'occuper de nous, autrement que pour nous regarder en passant, nous envoyer des émissaires quand nous nous approchions de la ville, et, de temps à autre, venir nous demander secours et protection contre les chiens.

13 Novembre. — Il semblait ce matin devoir faire beau, et j'ai proposé à quelques hommes, comme distraction du dimanche, de venir avec Matha et moi en baleinière jusqu'à Hovgard chercher des œufs et excursionner dans les environs. A Hovgard, nous sommes déçus, car nous ne trouvons que cinq œufs qui sont gobés sur place. Mais, par contre, nous poussons des cris d'admiration et de joie devant une belle mousse épaisse et verte qui a dû pousser sous la neige et qui couvre une étendue d'au moins 2 mètres carrés!

Moitié à la voile, moitié à l'aviron, nous allons au fond de la grande baie formée par le glacier de la terre de Danco, en face de Hovgard, et qui, aujourd'hui, est à peu près libre d'iceblocs et d'icebergs. Il n'y a pas un seul point où un débarquement serait possible ; mais, par un étroit chenal, nous pénétrons dans un petit cirque aux eaux profondes, dont les parois verticales de glace font suite presque immédiatement aux murailles rocheuses de la montagne, qui noires et superbement sinistres, vont se perdre dans la brume élevée. Un navire trouverait ici un bon abri momentané, mais l'impression de silence, d'irréel par cette journée grise, est angoissante : nous sommes là au fond d'un énorme puits, dont l'issue supérieure est fermée et qui paraît éclairé par les eaux glauques, immobiles, mortes, dans lesquelles se reflètent, avec des teintes de cadavres, les murs de glaces, qui semblent prêts à s'écrouler ou à se rapprocher pour nous écraser.

Dans le chenal de Lemaire, que nous prenons pour rentrer, il commence à tomber de la neige et à venter.

Après avoir doublé le cap N. de l'île Wandel, nous sommes en pleine tourmente, et la baleinière, avec un ris dans sa voile, vole sur les courtes vagues écumantes. Il faut veiller avec soin, car avec cette vitesse la rencontre d'un petit glaçon nous enverrait au fond. En arrivant à l'extrémité N.-W. que nous devons contourner pour gagner la baie de la Salpêtrière, seule accessible actuellement, nous trouvons une mer très grosse, brisant furieusement sur les rochers et les glaces flottantes.

Nous avons maintenant des photographies des nids de Mouettes, de Mégalestris et de Sternes, et des échantillons de leurs œufs. Les Mégalestris construisent assez habilement leurs nids avec des Mousses et des Lichens sur les rochers dans la montagne ; les Mouettes de même, mais sur le bord de l'eau. Quant aux jolis petits Sternes, leur installation est la plus simple qu'on puisse imaginer, car ils se contentent de fermer une petite fente de roche aux deux extrémités avec quelques cailloux.

Gourdon a découvert de nouveau sur la côte une belle grotte formée par le glacier qui recouvre un long corridor entre deux rochers. On ne peut y pénétrer qu'au moyen du berton et après avoir brisé quelques-unes des fines stalactites qui obstruent l'entrée comme un rideau en tissu de verre. Puis on débarque, et, après avoir franchi à quatre pattes un couloir étroit, on aboutit à une vaste salle discrètement éclairée en teintes bleues délicates par la transparence même du glacier et ornée de stalactites et de stalagmites qui se rejoignent en formant de fines et diaphanes colonnes.

21 Novembre. — Nous venons de passer trois jours à Hovgard, mais en campant cette fois-ci à la pointe N.-E., sous la tente de soie. L'habituelle barrière formée d'iceblocs et de débris a été un obstacle infranchissable à notre désir d'aller plus loin.

Mais l'ascension du grand sommet nous a permis de nous rendre compte que, si nous profitons d'un moment de détente, nous pourrons peut-être réussir à explorer ce ruban de côte qui nous intéresse tant.

Les Phoques sont nombreux autour de nous, accompagnés maintenant assez souvent de jeunes dont la viande est très délicate.

24 Novembre. — Je suis monté ce matin au sommet Jeanne ; le temps est magnifique, clair et froid. La baie de la Salpêtrière est encombrée de floes, amenés par la brise du Sud ; mais, au delà d'Hovgard, les glaces semblent maniables, et je suis décidé à partir pour notre raid. Dans la baleinière, nous emportons le matériel de campement, vingt jours de vivres, les instruments qui nous sont nécessaires et un traîneau démontable, ouvrage de mon invention, qui est fabriqué avec des skis et qui est peu encombrant. Tout cet armement a été assez compliqué à établir, car il nous a fallu compter non seulement avec le poids, mais encore avec l'embarras de la charge ; malgré toutes les précautions prises, notre canot chargé pèse 850 kilos. Nous ne pouvons cependant emporter moins de chose ni nous servir d'une embarcation dont la légèreté serait acquise au détriment de la solidité, car, s'il est probable que nous devrons la traîner sur la glace, il est certain que nous serons très souvent obligés de la faire passer de vive force à travers le pack-ice, lui faisant subir ainsi des pressions violentes et des chocs très durs.

A 2 heures, aidé de l'équipage et de Matha, avec de grandes difficultés par suite des glaces serrées le long de la côte, nous portons pour ainsi dire la baleinière à l'eau. Enfin nous sommes à flot et, poussant avec les gaffes, les avirons, les mains et les pieds, nous nous frayons péniblement un chemin, mettant trois heures pour franchir les 500 mètres de débris et de floes qui nous séparent de l'eau plus libre. Rapidement alors, nous gagnons la pointe Est d'Hovgard, où nous faisons la soupe, et à 8 heures du soir nous repartons. Une banquise mince nous barre la route, et, après quelques vains efforts pour la forcer, nous campons à 1 h. 30 du matin sur un petit récif qui fait suite à l'extrémité Sud d'Hovgard. Quelques

Mouettes et Sternes nous tiennent compagnie et, sur la banquise, à la lisière de l'eau, campent plusieurs centaines de Pingouins, véritable armée aux uniformes blancs et noirs.

Le temps est brumeux, triste, mais calme et relativement chaud. Nous partons, décidés, coûte que coûte, à parvenir à l'île Lund. La banquise peu épaisse est cassée par deux d'entre nous postés à l'avant avec la pelle et la pioche, les autres poussant sur les côtés ou godillant à l'arrière ; c'est ce que nous appelons le procédé n° 1. Si la glace devient un peu plus résistante, deux hommes y descendent en se tenant à l'étrave de l'embarcation, tandis que les autres, en se portant à l'arrière, lui font lever le nez, l'engageant ainsi aussi loin que possible ; puis nous nous portons tous sur l'avant, cassant la glace par notre poids combiné, et on recommence la manœuvre. C'est le procédé n° 2. Enfin, quand la glace est assez dure, ce qui arrive trop rarement, nous traînons l'embarcation entièrement dessus, ce qui constitue le procédé n° 3. Tout cela est long, éreintant et fastidieux ; nous avançons centimètre par centimètre ; mais, à six heures du soir, nous naviguons dans la flaque d'eau qui baigne une petite baie de l'île Lund, où nous abordons enfin. Pendant qu'avec Pléneau et Gourdon nous inspectons les environs à la recherche d'un bon emplacement pour notre campement, les hommes montent le traîneau et déchargent la baleinière. A 10 heures du soir, elle est hissée à terre.

26 Novembre. — Temps superbe. A 6 h. 30 matin, nous sommes debout et faisons un long tour en passant par de jolis ravins pour arriver au sommet de l'île. Dans cette partie Nord, les mousses et lichens sont en profusion et forment sur les roches noires de beaux tapis de verdure moelleux et doux aux pieds. Avec le chaud soleil dont nous bénéficions, l'eau coule abondamment de toutes parts. Les Mégalestris, extrêmement nombreux ici, sont avec quelques Phoques au bord de l'eau les seuls animaux que nous voyons sur l'île. Mais, sur la banquise, les Pingouins sont innombrables et, sur des récifs à l'Est, nous apercevons une importante rockerie.

Du sommet que le baromètre indique comme étant de 140 mètres, je puis prendre de bons relèvements et des vues de côté. Par une vertigineuse glissade sur la pente de neige qui descend au S.-W., nous arrivons d'un trait à la banquise. Par les mêmes procédés que la veille et en profitant de quelques rares chenaux, nous gagnons le pied du grand glacier en face, sur la terre de Danco, espérant trouver là, peut-être, de l'eau libre qui nous conduise vers le Sud. Mais nous sommes déçus, et, après avoir navigué sans aboutir au milieu d'icebloes détachés du glacier, nous revenons péniblement à l'île Lund, pour camper cette fois près de son extrémité Sud.

27 Novembre. — Le temps est magnifique, le ciel sans nuage, le soleil presque chaud et, pleins d'entrain, nous traînons notre lourde embarcation sur la glace. Je suis du côté droit avec Besnard, Pléneau et Rallier du côté gauche, tandis que Gourdon pousse à l'arrière, assurant autant que possible la direction.

La glace est tout d'abord excellente; nous commençons par faire 50 pas sans souffler, puis nous en faisons 150, et nous arrivons rapidement ainsi en une heure à une belle étendue d'eau qui borde les récifs de l'extrémité Sud de Lund. Mais, à partir de ce moment, les choses changent complètement; l'eau libre franchie, nous hissons de nouveau la baleinière sur la banquise, et nos misères commencent réellement. La glace est formée de trois couches, une première croustillante, mince, inégale et vallonnée, supportant à peine pendant quelques mètres le poids de l'un de nous, puis une seconde couche formée d'une véritable saumure liquide variant de 20 centimètres à 1 mètre d'épaisseur, reposant elle-même sur une troisième couche à peu près résistante, mais fenestrée et cédant trop fréquemment.

De temps à autre, une large fente se présente, hélas! toujours perpendiculaire à notre route, ce qui nous empêche d'en profiter, et nous la traversons en remettant la baleinière à flot. C'est un moment de joie, et nous sommes devenus très habiles à cet exercice. Redoublant nos efforts, nous poussons aussi vite que possible; mais, dès que nous approchons du bord, la glace se casse; nous sautons pêle-mêle dans le bateau; je donne quelques coups de godille, et nous reprenons notre travail sur la glace de l'autre côté.

Vers le milieu de la journée, j'ai eu l'idée d'attacher le mât et deux avirons en travers sur les bancs, et cette installation, en servant de point d'appui, nous permettait de soulever et de pousser en même temps, donnant ainsi toute notre force effective.

Depuis notre départ, nous avons travaillé de douze à treize heures par jour, mais voici déjà quatorze heures que nous sommes en route aujourd'hui, et nos récifs, — véritable terre promise, — semblent toujours s'éloigner. Nous gagnons un énorme iceberg, puis un second et enfin un long chenal d'eau qui semble conduire obliquement vers le Sud. Mais, vain espoir, il ne fait que nous mener près d'un haut iceberg qui se dresse devant nous comme une vaste pierre tombale. Le soleil qui ne se couche plus à cette époque est bas sur l'horizon; il fait froid, et, pour ajouter à nos souffrances, nous sommes tous atteints de l'ophtalmie des neiges. Il semble que nous ayons dans les yeux une poignée de poivre dont nous ne pouvons nous débarrasser, et les larmes coulent en abondance, gelant cruellement sur nos figures.

Enfin nous arrivons à nos récifs.

Depuis dix-huit heures nous travaillons!

La baleinière est hissée sur la glace de terre. Misérable baleinière! nous l'aimons quand même. Pendant que les autres dressent la tente, je prépare la soupe, et nous éprouvons enfin la plus belle, la plus grande des jouissances! Changer de bas! se mettre quelque chose de sec aux pieds! Je fais un collyre pour nos yeux, mais les compresses glacées nous soulagent surtout. Déjà le soleil commence à briller et, pour protéger nos pauvres yeux déjà si douloureux, nous devons nous mettre des bandeaux. Il est plus de 2 heures du matin quand nous nous couchons.

28 Novembre. — Je me lève à dix heures du matin; le soleil radieux séchera nos bas et nos chaussures et pourra plus tard en faire de même pour les vêtements mouillés que nous avons dû garder sur nous; mais il ne contribuera pas à guérir notre ophtalmie.

Nous sommes tous étonnés de ne ressentir aucune courbature après le labeur de la veille, mais, par contre, quelques-uns souffrent tellement des yeux, Pléneau en particulier, que je décide de ne repartir que lorsque le soleil sera tout à fait bas sur l'horizon. En attendant, sans quitter désormais nos lunettes à verre fumée insuffisantes, mais cependant utiles, nous parcourons notre îlot. C'est un récif bas et rocheux, plutôt qu'autre chose, occupé par une vaste rockerie de Pingouins ; il n'y a plus ici que des Adélies ; ce sont eux que nous avons croisés sur la banquise. C'est à grand'peine que nous pouvons marcher sans détériorer les nids, mais les Pingouins se chargent de nous rappeler aux convenances par des coups de bec bien appliqués sur nos jambes.

En repartant, nous nous dirigeons vers un superbe massif, le cap Tuxen, qui se dresse majestueusement. Le travail auquel nous nous livrons est le même que la veille, aussi dur, aussi fatigant, aussi long. Le pauvre Pléneau est obligé de garder un bandeau sur ses yeux et, par moments, pour nous soulager un peu, nous faisons de même, l'un de nous se chargeant de conduire les autres.

Toutes les flaques d'eau que nous rencontrons sont, comme celles de la veille, occasionnées par des bas-fonds ; il serait très dangereux de naviguer avec un navire dans ces parages.

Nous avons pu voir, pendant cette journée, cinq ou six Pingouins qui pêchaient dans un de ces espaces, près d'un récif que surmontait un plateau de glace ; tout d'un coup ces animaux sautèrent hors de l'eau sur le plateau avec une vigueur et une précision extraordinaire, et, en nous approchant pour mesurer la hauteur qu'ils venaient de franchir, nous avons trouvé $2^m,75$!

Enfin, le 29 novembre, nous couchons au pied du cap Tuxen.

30 Novembre. — La journée s'annonce brumeuse et froide ; je force Pléneau, qui souffre toujours beaucoup des yeux et qui n'est pas très amateur d'ascensions, à rester couché, et nous partons pour le sommet du promontoire.

Je crois qu'il est impossible d'imaginer quelque chose de plus grandiose et de plus beau. C'est la réalisation d'un dessin fantastique de Victor Hugo. Sauvage, coupé de crevasses, rempli de chaos et d'abîmes, affectant de loin la forme d'un gigantesque chat assis, ce promontoire est élevé de 900 mètres et présente au Sud une surface lisse, polie, toute de diorite verte, qui de cette hauteur descend perpendiculairement dans la banquise. Son sommet est prolongé par des crêtes dentelées, avec des pics de plus de 1 000 mètres.

Passant par des cheminées escarpées, des pentes à pic, sautant de rocher en rocher ou taillant des marches dans la glace, nous parvenons près du sommet, et nous pouvons prendre, en même temps que des croquis, des relèvements de toutes les côtes nouvelles qui s'étendent devant nous.

Une grande île plus au Sud, malheureusement encore très éloignée, nous permettra d'élucider complètement la question de la vaste baie ou détroit soulevée par la « Belgica », et c'est là que nous décidons de parvenir le lendemain. Toute la journée se passe à observer et à faire des ascensions, et nous nous couchons après un excellent repas de filets de Pingouins sautés à la poêle. Nos yeux vont presque bien, grâce aux compresses glacées, — qui ne sont pas difficiles à obtenir par ici, — et l'humeur est excellente, malgré la perspective du rude travail qu'il va falloir reprendre dans quelques heures.

1ᵉʳ Décembre. — Après avoir construit un petit cairn où nous laissons un document, nous partons, et de suite nous avons à lutter avec la même glace affreuse. Comme les jours précédents, nous marchons dans l'eau glacée jusqu'à la taille.

Vers 2 heures du matin, nous arrivons à un chenal au milieu d'ice-blocs où nous pouvons mettre la baleinière à flot; quantité de Phoques s'ébattent, faisant jaillir l'eau jusque dans le bateau, et, pendant quelque temps, ils nous rendent l'inappréciable service de casser la jeune glace devant nous. Nous sommes maintenant dans un labyrinthe d'icebergs, dont nous finissons par sortir pour retrouver la banquise, et nous arrivons enfin à une grande nappe d'eau libre qui entoure l'île à laquelle nous voudrions aborder. Fatigués comme nous le sommes, il nous faut, pendant près de deux heures, chercher en vain un endroit où nous puissions débarquer et camper; nous commencions à désespérer sérieusement, lorsqu'à 5 h. 30 du matin nous avisons, près d'une rockerie de Cormorans, une sorte de plateau coupé par des murs de belle pierre grise qui abriteront notre tente des coups de vents de N.-E., que nous craignons surtout.

2 Décembre. — Notre premier repas est un peu gâté par la neige que nous avons fait fondre et qui est évidemment souillée par des déjections de Phoques.

Ce que nous avions pris pour une grande île est à la vérité la réunion d'une série d'îlots élevés, séparés les uns des autres par des coupures étroites formées de hautes falaises de glace d'un côté et de roches de l'autre. Nous abordons à la plus importante, et nous parvenons au sommet de 200 mètres en nous aidant des pieds et des mains. Le temps est splendide et clair, pas un nuage, pas une nuée ; toute la côte se déroule devant nous jusqu'aux îles Biscoë. L'arrière-plan est une série de hautes et imposantes montagnes d'où descendent de grands glaciers ; la côte, d'où se détachent quelques îlots, est découpée par des baies étroites et peu profondes, hérissée par places d'énormes et fantastiques formations granitiques. Elle se dirige vers le Sud-Ouest, bordée par une large terrasse de glace comme celle du cap A. de Monaco et est prolongée au large par les grands cônes montagneux vus de Wandel, qui évidemment sont les plus Nord des îles Biscoë. Pas la moindre trace de vaste baie ou de détroit. Il est désormais certain que l'entrée du détroit de Bismarck, vu par le baleinier allemand Dallmann et d'ailleurs très suffisamment porté sur les cartes, n'est autre que l'entrée Sud-Ouest du détroit de Gerlache.

Nous faisons de nombreux croquis et prenons des photographies de ce panorama en même temps que des relèvements au compas, et ce travail par le froid très vif dure plusieurs heures, au grand détriment de nos doigts.

Je décide que nous reviendrons en faisant un long tour par l'Ouest, afin d'inspecter la longue série d'îlots presque parallèle à la côte, et où j'espère, en débarquant, pouvoir continuer à prendre des relèvements de cette intéressante région.

A 9 heures du soir, nous sommes de retour à notre campement ; nous mangeons un peu et nous repartons à minuit.

Il y a environ — 12°, et la jeune glace qui se forme rapidement nous gêne beaucoup pour franchir la distance qui nous sépare de la banquise.

3 Décembre. — A 3 heures du matin, nous sommes à 250 mètres à peine d'un petit rocher où nous avons décidé de nous arrêter pour nous reposer. Mais des fragments de glace peu épaisse soudés par de la jeune glace comblent tout cet espace. Nous ne pouvons pas traîner la baleinière et, cassant la glace devant, poussant en même temps avec les avirons derrière, nous mettons trois longues heures à franchir cette courte distance.

Sans même nous donner la peine de dresser la tente, tant nous sommes fatigués, — nous sommes debout depuis dix-huit heures, — nous nous couchons en plein soleil sur nos lits-sacs.

A 2 heures, nous voici de nouveau en route. Une belle fente dans la banquise juste assez large pour la baleinière nous permet de mettre celle-ci à flot et, simplement en poussant sur les avirons qui dépassent, nous marchons rapidement et sans fatigue. Quelques phoques étonnés sortent de l'eau et nous regardent passer. Nous atteignons ainsi un grand iceberg, et nous recommençons à traîner notre embarcation sur la glace. Puis c'est dans la jeune glace que nous nous retrouvons cherchant des passages dans un dédale d'écueils et de jolis chenaux entre les îles.

4 Décembre. — Il y avait — 8° ce matin, mais le soleil chauffant notre tente m'a obligé à coucher sur mon sac. Nous nous levons à 5 heures.

Par des petits chenaux pittoresques, nous arrivons à la plus haute des îles de cet archipel, d'où nous pouvons prendre des relèvements et des vues de côte. En redescendant, nous marchons de nouveau sur une banquise, la plus mauvaise et la plus pénible que nous ayons encore rencontrée! L'avant de la baleinière s'enfonce à chaque pas, et il faut quelquefois s'y reprendre jusqu'à six fois avant d'arriver à faire bouger l'embarcation. De plus, il gèle fort, et nous sommes obligés à tout instant de racler la quille avec un couteau pour l'empêcher d'adhérer.

Depuis longtemps, nous voyions devant nous un large chenal se dirigeant vers le Nord et qui était le but de nos efforts actuels. Après sept heures de travail, nous y parvenons pour le trouver couvert d'une couche de jeune glace! C'est maintenant centimètre par centimètre que la glace est cassée par l'un de nous, tandis que les autres tirent de chaque côté avec les piolets et même avec les doigts, faisant avancer à l'allure de 150 mètres à l'heure! Le froid, déjà vif, est rendu plus pénible par un petit vent du Sud, qui nous transperce. Puis c'est de nouveau la banquise, un peu meilleure, à laquelle succède un grand bassin d'eau libre, et nous arrivons enfin à un de nos anciens campements de l'île Lund.

5 Décembre. — Il neige et brouillasse. Même travail que la veille, mais moins long et moins pénible, et nous arrivons dans la baie de la Salpêtrière, encombrée de glaces et d'icebergs. Gênés par la brume et la neige, nous ne savons plus comment en sortir et, à un moment donné, nous avons passé par une forte émotion. Tandis que nous le cotoyions, un des plus gros icebergs se mit à osciller, ce qui, nous le savions bien maintenant, indiquait que le monstre était sur le point de chavirer. Je hurle aux hommes de « scier », afin de tourner l'avant du canot vers l'iceberg pour recevoir, le mieux possible, l'inévitable vague et, par fanfaronade, je crie à Gourdon de ne pas manquer de faire une photographie ; il arme tranquillement son appareil, mais heureusement quelques blocs seuls se détachent avec fracas, faisant tanguer la baleinière et s'entrechoquer les glaces. Une heure après, à 7 h. 30, nous étions de retour sur le « Français ».

6 Décembre. — Matha, entièrement rétabli, me résume ce qui s'est passé pendant notre absence. La chaîne de l'avant a été dégagée de la neige, et les hommes ont commencé un chenal en profitant des fentes produites par les mouvements de marée le long de la terre ; mais il est certain que nous devrons nous servir de la mélinite pour sortir le bateau. Les chaudières ont été essayées à chaud ; celle de bâbord a fonctionné convenablement, mais deux tubes ont fui dans celle de tribord, et c'est tout un travail à recommencer. Pierre est monté au sommet le plus élevé du massif Sud de Wandel, et, chose vraiment inouïe, il a pu y porter un poteau qu'il a planté et qui se voit facilement du bord. Enfin les travaux et les observations de chacun ont suivi leurs cours d'une façon satisfaisante. Dimanche dernier, Matha était allé avec trois hommes dans le you-you jusqu'au Sud d'Hovgard, mais n'avait pu nous voir.

Il n'y a plus d'œufs de Pingouins à ramasser ; la récolte, tant à Wandel que dans les environs, a été de 8 000, sans compter ceux que les hommes ont gobé sur place. Les Pingouins qui, d'habitude, ne pondent que deux œufs au plus, en ont pondu avec persistance jusqu'à huit ; mais les derniers devenaient de plus en plus petits.

10 Décembre. — Depuis notre retour, le temps a été mauvais avec vents de N.-E. ; mais, cette nuit, à 3 heures du matin, le vent a subitement changé et vient du Sud, ramenant le beau temps.

La banquise qui remplit la baie Nord ne voulant pas se dégager, il va falloir que nous creusions un chenal. Nous sommes séparés de l'eau libre par environ 600 mètres de glace formée de débris d'icebergs et de flocs soudés ensemble. — C'est évidemment de la même façon que la banquise rencontrée l'année dernière dans la baie des Flandres s'était formée, et ceci prouve combien il est difficile, dans ce pays, de dire d'avance que tel ou tel point d'hivernage peut être sûrement utilisé les années suivantes.

Cette banquise, étant donnée sa constitution, est d'une épaisseur extrêmement inégale, variant depuis 50 centimètres jusqu'à 7 mètres ; les parties formées de glace de mer sont molles et relativement faciles à entamer ; celles qui proviennent de la glace d'eau douce, au contraire, sont extrêmement dures. Des sondages pratiqués dans des trous forés de 20 mètres en 20 mètres nous ont prouvé qu'un chenal d'une douzaine de mètres de large partant de l'arrière du bateau et suivant la côte serait un passage suffisant. Il s'agit donc de faire, à la mélinite et à la scie, un petit canal allant du « Français » au large, puis d'en faire un autre en profitant des grandes fentes produites par les mouvements de marée le long de la côte et de débiter et d'envoyer au large toute la glace comprise entre ces deux canaux.

Matha, chargé des explosifs, fait deux essais avec trente cartouches de mélinite disposées dans de petites rigoles creusées dans la glace. Un bruit sourd, une colonne de fumée noire, et nous nous précipitons pour apprécier le résultat. La neige qui recouvre la glace sur une vaste étendue est colorée en jaune et tachetée de noir ; de gros trous ronds se sont formés même aux endroits où la glace est le plus épaisse, mais il ne s'est produit aucune de ces fentes et brisures sur lesquelles nous comptions. Il faudrait, pour arriver à notre but par la mélinite seule, en dépenser une quantité considérable et, comme nous pouvons en avoir besoin dans la suite, nous allons essayer d'agir par les procédés ordinaires, scies à glace, pelles et pioches.

Nous nous mettons de suite au travail, en partant du large, pour permettre à la houle de nous aider.

C'est un travail éreintant et fastidieux, mais les hommes, tous désireux de partir, s'y appliquent avec ardeur et gaîté. En général, un seul trait de scie suffit, mais avec quelles difficultés arrivons-nous à le pratiquer dans cette glace épaisse et irrégulière ! Il faut d'abord enlever la neige, puis, tandis que deux hommes font manœuvrer la scie, les autres avec les pelles et les pioches élargissent la fente, évitant ainsi l'obligation de faire un double trait.

Une huitaine de jours au moins de travail continu seront nécessaires pour aboutir.

Pour nous reposer de la scie, nous allons, de temps à autre, le long de la côte, détacher un bloc de glace et l'envoyer au large. L'outil le plus efficace pour ce travail est un grand levier en fer de plus de 2 mètres de long, qui a été forgé à bord.

14 Décembre. — Grands vents du N.-E. ; le temps est chaud, et le thermomètre remonte jusqu'à $+3°$ et même $+4°$. L'eau coule en abondance sous la glace de la colline du Cairn. Nous y creusons quelques trous et, en disposant nos manches à incendie sur un échafaudage de madriers, nous amenons l'eau directement jusque sur le pont, ce qui permet de faire le plein des caisses et de tous les récipients disponibles.

Il a plu un peu, puis il a neigé, et le vent de N.-E. s'est mis à souffler pendant quelques heures avec son habituelle violence.

16 Décembre. — Calme, brume et neige. Nous sommes retournés à Hovgard chercher ce que nous y avions laissé. Au retour, nous nous sommes amusés à entrer dans de belles grottes d'icebergs ; une stalactite grosse comme le bras et pointue comme une épée, en se détachant, a failli tuer l'un de nous.

Nous travaillons nuit et jour au chenal, qui avance assez rapidement ; le canal le long de la terre est fini, il arrive jusqu'à l'arrière du bateau, et l'autre est achevé plus qu'à moitié.

17 Décembre. — Nous étions tous à travailler quand le vent du Sud s'est mis à souffler assez fort. La banquise, qui n'est plus soutenue le long de la terre à cause du chenal, part tout d'un bloc en dérive et va se coincer à 200 mètres du bateau. Si le vent ne continue pas son œuvre si bien commencée, un peu de mélinite suffira certainement.

Ce qui nous reste à faire ici peut être terminé rapidement, mais il nous faut, en tout cas, attendre deux journées de temps clair pour prendre des observations et faire une série de stations hydrographiques dans quelques îlots au large.

18 Décembre. — La banquise a été entièrement enlevée par le vent, qui souffle toujours assez fort. Brumeux le matin, il fait très beau dans l'après-midi, et Matha part avec Pléneau et quatre hommes faire ses stations hydrographiques aux îlots du large.

Depuis déjà pas mal de temps, les hommes construisent un cairn avec de grosses pierres, sur le sommet de la colline ; cela promet de devenir un imposant monument commémoratif de notre séjour et qui sera utile aux explorateurs à venir.

La plus grande activité ne cesse de régner à bord ; tout est mis en ordre, disposé, arrimé pour le départ. Les bocaux, les oiseaux empaillés, toutes nos précieuses collections sont installées avec le plus grand soin.

A terre, j'ai décidé de laisser, en même temps que la cabane magnétique, la maison démontable renfermant une provision importante de lait condensé, de légumes en boîtes, d'alcool absolu, un poêle et quelques outils. Avec les Phoques et les Pingouins, qui peuvent servir à la fois pour la nourriture et pour le chauffage, cela constitue un petit poste de secours. De plus, nous laisserons également le canot à vapeur avec des avirons ; la chaudière est inutilisable, mais l'embarcation elle-même est excellente. Tout cela servira-t-il jamais ? Peut-être serons-nous les premiers à en profiter si nous revenons à Wandel en naufragés.

La mélinite a été de nouveau embarquée.

22 Décembre. — Les jours commencent à raccourcir officiellement ; mais, bien entendu, avec nos vingt-quatre heures de clarté, nous ne nous en apercevons pas encore.

La machine a été essayée hier et tourne d'une façon suffisante, mais le condenseur nous donnera certes encore des ennuis.

Comme tous les jours, je suis monté au sommet voir l'état des glaces. Le large à perte de vue est toujours pris, et ce n'est point par là que nous pouvons compter nous échapper. Mon intention, afin de ne pas perdre de temps, est de reprendre le chanal de Roosen et de nous arrêter quelques jours à Port-Lockroy pour en faire le plan et nous livrer à diverses observations. Nous gagnerons ensuite le chenal de Scholaert, dont nous ferons l'hydrographie et, longeant de nouveau la côte N.-W., de l'archipel de Palmer nous chercherons à aller au Sud de la Terre de Graham et à la Terre Alexandre-1er, en contournant la grande banquise. Mais, pour le moment, il nous faut patienter, car les vents régnant ont poussé les glaces à l'entrée du chenal de Roosen, et elles semblent même obstruer le détroit de Gerlache. Un petit coup de vent de N.-E. aura vite fait de dégager tout cela et, en partant immédiatement après, nous passerons facilement.

Le cairn est terminé : il est constitué par une pyramide de pierres de 2^m,50 de hauteur surmontée d'une perche de 3 mètres avec un voyant et maintenue par de solides haubans en acier galvanisé. Nous y fixons une plaque de plomb, où nous avons gravé les noms de tous ceux qui ont fait partie de l'Expédition et, dans une bouteille solidement cachetée, je place un document résumant l'emploi de notre temps depuis notre arrivée dans l'Antarctique, ainsi que les indications nécessaires aux explorateurs qui viendraient plus tard observer au même endroit. Si nous nous perdons dans la suite, on saura au moins ce que nous avons fait. Je laisse également une note concernant nos projets de navigation. Sur un rocher dans notre anse, nous gravons profondément comme *marque de marée* un trait horizontal et la lettre F.

23 Décembre. — Depuis hier, ouragan du N.-E. ; les glaces reviennent, mais la chaîne, que nous n'enlèverons qu'à la dernière minute, joue son rôle avec le même succès que d'habitude. Dès que ce coup de vent cessera, profitant du moment où le courant entraînera les glaces vers le Sud, nous partirons ; tout est paré pour cette éventualité.

25 Décembre. — A minuit, nous sommes descendus dans le poste ; la cloche a été sonnée, les bougies allumées, et les plum-puddings se sont mis à flamber. Le réveillon a été d'une gaîté folle ; jamais, je crois, les hommes ne se sont autant et plus simplement amusés.

Vers 5 heures, le vent tombe, puis souffle en petite brise du Sud.

A 7 heures, je monte au cairn ; le moment est favorable, je donne l'ordre d'allumer les feux, et les hommes qui ne se sont pas couchés commencent à manœuvrer les amarres.

Expédition Charcot.

Dès que nous avons de la pression, la chaîne de l'avant puis celle de l'arrière, qui nous fut si utile, sont rentrées à bord. Mais le bateau est légèrement échoué, et il nous faut attendre la marée pour pouvoir partir.

Je monte une dernière fois au sommet Jeanne, afin de relever les meilleurs passages au milieu des glaces assez abondantes que nous devons traverser.

CINQUIÈME PARTIE

ÉTÉ 1904-1905

26 Décembre. — Le temps est magnifique et clair ; une légère brise de S.-W. nous pousse vent arrière.

Il nous faut lutter contre les glaces assez solidement tassées qui nous barrent la route et veiller soigneusement les récifs et les bas-fonds qui prolongent les îlots de l'archipel si touffu que nous devons traverser.

Nous savons, par notre navigation de l'été dernier, qu'un petit chenal, le chenal Peltier, mène à Port-Lockroy, entre l'île Wiencke et l'île Doumer ; mais, du large avec les icebergs et les falaises de floes qui chevauchent les uns sur les autres, il est très difficile de le reconnaître. Ce n'est que presque à son entrée même que nous l'apercevons, tout à fait libre de glaces. Cette constatation est d'autant plus agréable que le chenal de Roosen est au contraire très encombré. Ceci ne fait que donner plus de valeur à Port-Lockroy, où l'on peut ainsi parvenir presque sûrement, quels que soient les vents régnants, soit par l'entrée S.-W. ou l'entrée N.-E. du chenal de Roosen, soit par le chenal Peltier. Ce dernier, sauf un îlot rocheux, d'ailleurs bien visible, qui se dresse au milieu, semble parfaitement sain, et nous l'enfilons gaillardement en essuyant quelques très fortes rafales qui descendent des hauts sommets de Wiencke.

A 10 h. 30, nous entrons à Port-Lockroy, où flottent quelques floes peu gênants, mais où le froid, devenu assez vif, depuis que le soleil a disparu derrière les montagnes, a créé de la jeune glace qui nous empêche de voir le fond.

Nous mouillons à peu près au même endroit que l'été dernier et, par précaution, malgré la bonne tenue, nous portons une amarre à terre devant, tout en conservant l'ancre à jet par l'arrière. Nous allons rester ici quelques jours afin de faire l'hydrographie complète de ce port, d'y entreprendre une série d'observations, d'y pêcher et d'y draguer.

30 Décembre. — Le vent de S.-W. s'est mis à souffler assez violemment depuis que nous sommes ici ; aussi de grands floes et des iceblocs sont-ils venus s'accumuler à l'entrée du Port ; il serait probablement difficile de sortir, mais nous sommes en absolue sécurité.

Tout le monde travaille avec ardeur. Matha a mis en place son marégraphe ; les hommes ont dressé pour Rey une tente magnétique, et les récoltes zoologiques et géologiques sont abondantes.

Trois Phoques ont été tués ; nous avons donc de la viande en abondance pour nos chiens.

Les Pingouins, toujours nombreux, s'occupent de leurs petits avec une touchante sollicitude. Le père et la mère restent alternativement auprès de leur enfant, ou de leurs enfants, les protégeant contre le vent et le froid. Lorsque les Pingouins partis à la pêche rentrent, ce sont de tous côtés de bruyantes et impérieuses demandes de nourriture, et les pauvres parents ont grand mal à se frayer un chemin à travers la horde affamée et à rapporter à leur propre progéniture le repas si péniblement recueilli. Le jeune Pingouin enfonce alors gloutonnement sa tête dans le gosier de son pourvoyeur, qui, de son côté, facilite l'opération par une sorte de vomissement.

Les petits Cormorans sont déjà notablement plus âgés que les Pingouins, mais, par contre, les petites Mouettes sont à peine écloses. Leur domaine particulier est un îlot de roches grises qui marque l'entrée de la rade et dont tous les creux sont comblés par l'entassement, commencé probablement depuis des années, de coquilles de Bernicles.

Le cairn est toujours en place sur son îlot, et le chenal de Roosen est bien dégagé. Le temps qui claircit momentanément permet une vue magnifique sur les splendides montagnes de l'île Anvers, qui s'élèvent de l'autre côté du chenal. Les observations de Matha prouvent maintenant, sans contredit, que le mont dénommé par Biscoë mont William n'est pas le plus élevé, n'atteignant que 1 836 mètres, tandis que plus loin, dans le N.-W., le mont du Français, merveilleux dans son manteau blanc immaculé, s'élève imposant à 2 269 mètres.

Le promontoire que nous avons traversé se termine par une étendue assez vaste de rochers formant gradins, où sont éparpillés quelques Pingouins Papous. L'accumulation de petits cailloux paraît indiquer qu'il y a eu ici autrefois une rockerie importante, mais abandonnée pour des raisons que nous ne pouvons deviner; on dirait une ville déserte et en ruines.

Nous sommes rentrés à bord par le même chemin, sous la neige qui commence à tomber.

31 Décembre. — L'année se termine par un jour brumeux et venteux.

2 Janvier. — Un grand iceberg au sommet pointu et irrégulier de formes est entré dans le chenal; mesuré au théodolite, nous lui trouvons une hauteur de 95 mètres; ce qui lui ferait, en admettant qu'il n'ait que cinq fois cette même hauteur sous l'eau, le joli chiffre de 475 mètres de tirant d'eau. Suivant les auteurs, il est généralement admis que les icebergs ont cinq, dix ou onze fois, au-dessous de l'eau, la hauteur qu'ils présentent au-dessus. Les écarts entre ces chiffres très théoriques tiennent à la différence de densité des masses en question, qui peuvent être creuses par endroits ou constituées de glaces très dissemblables, et nous avons pu voir, en arrivant dans notre anse à Port-Charcot, un icebloc de 6 mètres de hauteur flottant à un endroit où il y avait à peine 5 mètres de profondeur.

Gourdon a traversé avec Pierre l'île Wiencke et a pu se rendre compte que le détroit de Gerlache est libre de glaces; mais l'entrée de notre port est toujours en grande partie bouchée. J'ai hâte de partir, il y aurait encore beaucoup à faire ici; mais nous ne pouvons pas nous y éterniser, et notre programme est rempli.

3 Janvier. — La nuit a été calme, mais ce matin le vent de N.-E. souffle en tempête. Malgré l'abri de la haute falaise de glace, le bateau vibre sous la force des rafales, et le chasse-neige nous enveloppe de fins cristaux qui crépitent sur le pont. Deux amarres cassent coup sur coup, mais il ne peut y avoir de houle ici, et notre ancre tient bon. Bien que je ne pense pas que cela devienne jamais nécessaire, nous pourrions maintenant, grâce aux sondages pratiqués par Matha, conduire facilement le bateau par une petite passe dans une sorte de cuvette dont j'ai déjà parlé précédemment et que nous avons nommée crique Alice.

4 Janvier. — Le vent est tombé vers le matin ; il fait calme, mais le temps est gris et sombre, et le baromètre baisse d'une façon inquiétante. Je sais que l'on dit et répète que les mouvements du baromètre dans

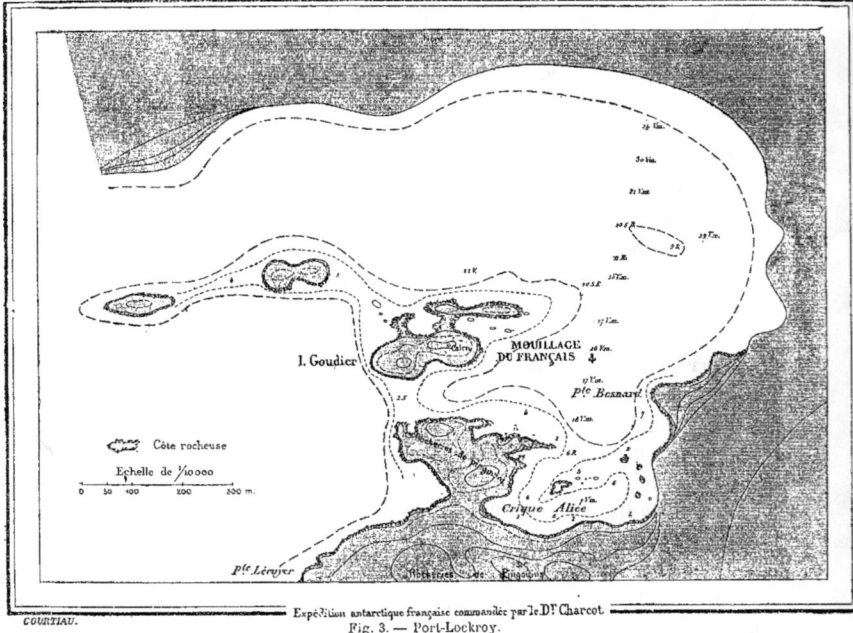

Fig. 3. — Port-Lockroy.

certaines régions ne signifient rien ; mais, si je veux bien admettre qu'il en soit ainsi quand il monte, j'appréhende toujours le mauvais temps, par principe, quand il baisse fortement. Cependant il faut se décider à partir et, à 2 h. 30, nous appareillons. En passant devant notre cairn, dans le chenal de Roosen, nous stoppons quelques minutes pour changer le document.

A 8 heures, pendant mon quart, brume épaisse ; nous pénétrons néanmoins dans le chenal de Scholaert, en passant au milieu d'iceblocs et de récifs, et, le temps s'éclaircissant, nous nous en tirons sans accident. Le baromètre baisse toujours, le temps a une apparence menaçante ; nous voyons dans le détroit de Gerlache une nuée bordée de tons violets qui s'avance rapide venant du N.-E. A notre gauche, s'ouvre un grand estuaire dont la direction générale est S.-W., qui est encombré de grands floes, d'iceblocs et d'icebergs tabulaires d'une taille remarquable. Je décide, néanmoins, d'aller chercher un abri dans cet endroit, intéressant d'ailleurs à explorer. En outre, naviguer par le coup de vent qui se prépare avec notre faible et mauvaise machine, au milieu des récifs inconnus de ce détroit, serait une folie inutile, puisque nous ne pourrions pas faire d'hydrographie.

L'estuaire dans lequel nous pénétrons, et qui a été indiqué par Dalmann, s'ouvre dans une baie profonde dont les côtes sont formées par les hautes falaises de glace, terminaison habituelle de l'énorme glacier qui recouvre le mont du Français. Cette baie, que nous appelons la baie de l'Amiral-Fournier, présente à son entrée un petit îlot couvert d'une sorte de pyramide de neige, et je décide d'attendre la tempête qui se prépare en restant dans son voisinage.

5 Janvier. — La nuit a été calme ; mais, dès le matin, les rafales commencent à se faire sentir du N.-E, et, en cherchant à gagner notre îlot, nous sommes abordés par un iceberg qui nous envoie une tonne de neige et de débris de glace à bord, sans occasionner d'autre avarie que d'arracher le piton du galhauban bâbord de grand'flèche. La force des rafales est telle que nous nous maintenons difficilement sous l'abri de l'îlot. Les glaces passant de chaque côté de nous ont été se tasser au fond de la baie, et je ne puis m'empêcher de songer à ce qui nous arriverait s'il survenait une avarie de machine à ce moment.

Vers midi, pour varier un peu nos plaisirs, nous abandonnons l'îlot et longeons la côte Nord, qui se dresse en énorme mur vertical crénelé et menaçant. Nous sommes tout à fait à l'abri du vent, mais au milieu d'iceblocs en mouvement, et il nous faut aller à chaque instant de l'avant et de l'arrière pour éviter d'être écrasés. Pendant une de ces manœuvres, une roche à fleur d'eau, que nous apercevons de la hune, se dresse subitement devant nous, et c'est tout juste si nous la parons.

A 3 h. 1/2, énervés de cette attente, nous nous mettons en route vers la baie de Dallmann ; mais il n'y a aucune vue, et le coup de vent de N.-E. très dur nous pousse à la côte. Difficilement, nous rentrons à 7 heures dans notre baie et restons au pied même de la falaise. La sonde indique des fonds montant assez rapidement de 40 mètres à 15 mètres, constitués par de la vase molle, où nous pourrions certainement mouiller sans l'obligation où nous sommes d'éviter les glaces en perpétuel mouvement.

Au-dessus de nos têtes, les grandes nuées noires, franchissant la muraille, passent comme une chevauchée de Walkyries et vont s'accumuler sur les montagnes en face.

6 Janvier. — A 4 heures du matin, il fait calme et clair, et nous partons. Nous faisons l'hydrographie de la baie de Dallmann, et nous relevons toute une série de récifs et de petites îles en calotte. Il règne une longue houle du N.-W., et quelques bancs de brume passent.

Le vent souffle bientôt du W.-N.-W. et, par conséquent, debout. Il y a de nombreux iceblocs et icebergs. Quantités de Pingouins antarctiques, souvent isolés, marsouinent, tandis que les Baleinoptères naviguent de conserve, majestueux et placides. Nous avons maintenant le large devant nous, et nous gouvernons à l'Ouest, longeant la côte déjà relevée l'été précédent.

A 7 heures, Matha me fait remarquer une longue ligne de récifs isolés qui s'étend à plusieurs milles au large. Il est certain qu'en février nous avons, sans le savoir, miraculeusement passé entre ces récifs par la brume ! A 10 heures, une vaste étendue de pack-ice très dense nous barre la route, et nous devons y pénétrer à toute vitesse. Le vent a cessé, mais la houle est toujours grosse, et cette traversée est rendue impressionnante par le bruit sourd des glaces s'entrechoquant, mêlé aux heurts et aux gémissements du bateau.

7 Janvier. — Nous sommes sortis des glaces. A 9 heures, une brise légère du N.-E. se lève ; nous établissons la fortune carrée et, après avoir éteint les feux, nous vidons et nettoyons les chaudières, qu'il nous faut ménager. La brise fraîchit ; nous mettons toute notre voilure et filons à une belle allure vers le Sud par un temps superbe. A 6 heures, nous voyons nettement, dorés par le soleil, le mont du Français, puis les sommets bien connus de Wandel et du mont du Matin.

La banquise s'étend, épaisse et compacte, dans e S. et le S.-W., et nous changeons de route, tout en naviguant parmi les morceaux épars de la lisière pour chercher à la doubler.

La brise mollit et, pendant la nuit, nous avons du mal à doubler quelques gros iceblocs. Mais notre provision de charbon est si faible que je suis décidé à n'allumer les feux qu'à la dernière extrémité.

8 Janvier. — Calme jusqu'à 6 heures du matin avec grosse houle, puis la brise fraîchit du N.-E. et très rapidement s'établit en coup de vent, amenant un temps bouché. Il faut ramasser les voiles hautes; nous marchons à 8 nœuds, cap au W.-S.-W., puis franchement au S. Nous laissons à tribord un iceberg d'une dizaine de mètres de hauteur, remarquable par une grande fente médiane colorée en brun avec de la terre et des cailloux. Le vent souffle de plus en plus fort, et la mer devient grosse et tourmentée.

De très nombreux Baleinoptères viennent jouer autour du bateau, passant à toucher l'étrave, s'arrêtant comme pour attendre le choc, soufflant, plongeant, puis revenant, et on ne peut s'imaginer apparitions plus fantastiques dans les eaux écumantes, glauques et tumultueuses au milieu de la brume. La neige, maintenant, voltige inlassable, poussée par l'ouragan. Avec notre hunier fixe, notre trinquette et notre petit foc, trois mouchoirs de poche, nous fuyons et nous faisons cependant nos 6 nœuds.

A 8 heures, subitement, j'aperçois barrant le gris de la brume, au-dessus de nos têtes, à l'avant, une grande ligne blanche que je prends tout d'abord pour une éclaircie imprévue; mais le bruit sourd et trop connu de la mer qui déferle et une masse bleutée qui teinte la brume m'indiquent bien vite mon erreur; c'est un iceberg énorme. A ce même instant, une autre masse semblable se dresse à tribord et nous domine. Miraculeusement, nous passons entre les deux montagnes flottantes, par un chenal qui est à peine large comme deux fois le bateau.

9 Janvier. — L'éclaircie n'a été que de courte durée, et la tempête reprend, affreuse. L'iceblink nous annonce la banquise, et nous voici dans les glaçons détachés de sa lisière. La houle est toujours énorme, mais les glaces empêchent les vagues de déferler, et nous mettons à la cape. Le vent fraîchit encore; nous sommes assaillis par une tempête

Expédition Charcot.

de neige, dont les gros flocons agissent sur la mer comme de l'huile répandue.

10 Janvier. — La tempête continue. Le pont est couvert de glace ; se déplacer devient un problème qui ne se résoud qu'au prix de contusions et de blessures. De temps en temps, nous nous mettons en route, puis nous dérivons de nouveau en cape, pour repartir à la plus légère éclaircie.

11 Janvier. — A 3 heures du matin, Matha vient me demander de faire allumer les feux ; à grand'peine il a pu s'écarter d'un iceberg, mais il craint de retomber dessus, et il faut à tout moment manœuvrer pour en éviter d'autres qui surgissent de la brume et de la neige.

Vers 4 heures du soir, nous traversons des bancs de petits poissons morts dont nous ramenons quelques-uns à bord avec l'épuisette. Ils sont là par milliers ; d'où vient cette hécatombe ? Peut-être ont-ils été surpris par un froid intense et englobés dans la glace qui nous les rend ? Après que plusieurs eussent été mis en bocaux, les autres furent cuits et trouvés excellents.

A 7 heures du soir, le vent tombe complètement, et la brume se dissipe, la banquise est devant nous, et, sous le ciel bleu, qui se découvre rapidement, le spectacle est merveilleux. Jamais le calme après la tempête ne fut plus absolu, plus imposant, plus grand, et cependant plus riant.

Nous entrons dans la lisière où les Baleines, les Hypérodons, les Phoques, les Oiseaux de toutes espèces sont innombrables ; mais, hélas ! nous ne pouvons pénétrer bien loin, car la banquise s'étend très dense et renforcée encore par une barrière d'icebergs. Du haut de ma vergue de hunier, je ne puis distinguer ni la moindre solution de continuité, ni le plus petit chenal !

Comme pour augmenter nos regrets, la terre se profile subitement devant nous. C'est d'abord un grand sommet pyramidal, puis trois autres moins élevés, qui, dorés par le soleil, surgissent au-dessus des nuages. Un sondage à la machine nous donne 448 mètres. La terre disparaît dans les brumes éloignées, mais le vent a tourné au S.-E., et le soleil de minuit brille dans un ciel serein.

12 Janvier. — Nous naviguons à la voile sur la lisière de la banquise, cherchant un point où nous ayons quelques chances de la pénétrer. Les icebergs sont énormes, les plus grands peut-être de tous ceux rencontrés par nous jusqu'ici, et plusieurs se présentent avec deux étages de grottes et d'arceaux.

Il gèle, et tout le gréement est couvert de glace, qui, se détachant par morceaux sous les rayons du soleil, vient tomber sur le pont.

A 4 heures du matin, fait inouï, pour la première fois, le bateau a bien voulu virer de bord vent devant à la voile seule !

Nous rentrons dans les glaces, mais nous avançons difficilement.

13 Janvier. — Il est inutile de persister dans l'effort que nous faisons ; à grand'peine, nous dégageons le bateau, et nous allons chercher maintenant en remontant vers le N.-E. une glace plus maniable, qui nous permettra de nous rapprocher de la Terre de Graham, peut-être même de la Terre Alexandre-Ier. Le point observé nous indique bien que c'est elle que nous avons vue avant-hier, et ce soir, d'ailleurs, elle se dresse de nouveau au-dessus des brumes lointaines. Nous devons en être à 60 milles.

Beaucoup plus à l'Est et plus rapproché, un haut sommet, le pic Gaudry, couvert de neige, se montre sur le ciel, et vers le N.-E. une grande chaîne de montagnes se détache et se perd dans le lointain.

14 Janvier. — Très beau temps, nous continuons notre route à la voile, en longeant la banquise qui s'avance vers le large.

A 6 heures du soir, calme plat, nous allumons les feux et marchons 6 nœuds.

Vers 8 heures, je relève au S.-E. un sommet triangulaire, le pic Vélain, dégarni de neige.

15 Janvier. — La terre à laquelle appartient le sommet triangulaire paraît s'étendre très loin dans le S.-W. et se rattacher au pic élevé que nous avions vu le 13 au N.-E. de la Terre Alexandre-Ier. Elle est formée par une chaîne de montagnes imposantes d'où se dressent cinq pics remarquables, dont les deux plus élevés atteignent 1 000 et 1 680 mètres et qui sortent d'un grand glacier en terrasse se terminant par une falaise de glace dans la mer.

De bon matin, nous nous engageons dans le pack formé de floes de grande étendue et très épais pressés les uns contre les autres et souvent réunis, soit par de la jeune glace, soit par une sorte de pâte qui les rend très difficiles à déplacer. Après avoir traversé lentement ce pack-ice, nous arrivons dans une zone où la glace est moins compacte mais plus dangereuse, constituée en majeure partie par des iceblocs et de gros débris d'icebergs.

Enfin nous parvenons dans un chenal d'eau libre, d'environ 1 mille à 2 milles de large, qui longe la côte à perte de vue. Ce chenal est rempli d'icebergs tabulaires de grandes dimensions ; il semble donc qu'il doit être profond, puisque la plupart d'entre eux auraient de 200 à 300 mètres dans l'eau.

Nous longeons cette terre à l'aspect sinistre et inhospitalier, rangeant volontairement de près les grands icebergs, qui, se succédant et se groupant, séparés par d'étroits couloirs, nous dominent de leur haute taille.

A 8 heures, Matha vient me relever, mais je reste sur la passerelle à flâner et à causer avec lui.

Subitement, au moment où nous passons à une encablure d'un iceberg de près de 50 mètres de haut, nous ressentons un choc terrible ; la mâture vibre et plie au point de faire craindre qu'elle ne vienne en bas, et le bateau grimpe presque vertical, avec un craquement sinistre, s'engageant jusqu'à la passerelle. La longue houle nous fait talonner violemment deux ou trois fois.

Je saute sur le télégraphe et signale à la machine « arrière toute », mais, avant que celle-ci n'ait pu agir, le bateau par son propre poids retombe à flot avec un sourd gémissement.

Nous venons de donner à six nœuds sur une roche moutonnée à fleur d'eau que nous voyons maintenant sous l'avant, moirée de jaune et de vert.

Les hommes couchés en bas montent sur le pont à moitié vêtus ; il y a un moment de stupeur, d'émotion intense, mais sans affolement, et je vois tous les yeux qui se tournent vers moi. Ai-je eu peur ? Je n'en sais rien, peut-être bien après tout, puisque je me le suis demandé et que, très calme, très maître de moi dans tous les cas, j'ai mis ma casquette droite, et j'ai boutonné ma veste pour poser et me donner une contenance. L'eau entre à flots par l'avant, glissant le long de la rablure jusque par le travers des chaudières et gagnant rapidement dans le poste d'où les cloisons, le chargement et le charbon l'empêchent de venir sur l'arrière ; la première chose à faire est de défoncer les cloisons et de débarrasser les soutes, afin qu'elle trouve une issue jusqu'aux pompes.

La situation est des plus graves ; si nous coulions ici, en admettant que nous puissions grimper avec quelques provisions sur cette terre inhospitalière, déserte, impraticable, où pas un animal ne peut vivre, le sort qui nous est réservé n'est que trop certain. D'autre part, avec nos embarcations, nous ne pouvons franchir ce pack-ice où nous avons déjà eu tant de mal à nous frayer un chemin avec le « Français » et sur lequel il est également impossible de marcher. Il faut donc, coûte que coûte, aussi vite que possible, traverser de nouveau les glaces ; si nous coulons en mer libre, nous n'avons guère qu'une chance sur mille de pouvoir gagner avec les canots l'île Wandel, mais nous devons la tenter.

Tout le monde travaille avec activité, les hommes dans les soutes à faire un passage pour l'eau, Pierre et Robert derrière, à préparer vêtements et provisions, tandis que nous autres nous manœuvrons le bateau. De nouveau grimpé sur ma vergue, avec tantôt Rey, tantôt Matha à la barre, lentement, en prenant les plus grandes précautions, évitant le plus possible les chocs, nous cherchons en traversant le pack-ice à gagner le large.

Enfin on vient m'avertir que les pompes arrivent à franchir, mais il va falloir pomper à bras, car la machine est inutilisable ; avec le condenseur qui ne fonctionne plus, notre provision d'eau douce serait vite épuisée, et le charbon de son côté manquerait rapidement.

Libois, dans l'eau glacée jusqu'à la ceinture pendant plusieurs heures, cherche, mais vainement, à calfater par l'intérieur.

Nous finissons par retrouver la mer libre et, à ce moment, toute la côte de cette terre, que nous baptisons Terre Loubet, est éclairée par le soleil. Nous stoppons pour que Matha puisse observer et prendre des relèvements, tandis que nous photographions et dessinons la côte.

Actuellement, en pompant quarante-cinq minutes par heure, nous pouvons maintenir le bateau à flot. Les quarts à la pompe sont organisés, tous les hommes s'y mettent, Goudier, Robert, Pierre et le cuisinier comme les autres. Pléneau et Gourdon demandent à participer à cette éreintante manœuvre.

Hélas! notre espoir de continuer nos découvertes s'est évanoui, car nous ne savons même pas si la blessure du bateau ne s'ouvrira pas davantage au plus petit mauvais temps, au moindre choc contre les glaces, peut-être même sous l'effort seul de la voilure, et nous étions en si belle voie! Risquer un second hivernage est maintenant impossible. Nous n'avons toutefois pas le droit de nous plaindre, car la Terre Loubet est bien à nous, et, si nous revenons, nous avons tous les éléments nécessaires pour la placer nettement et définitivement sur la carte. Il est décidé d'ailleurs que, malgré tout, nous continuerons notre travail en remontant le long de la côte, et les hommes, auxquels je fais part de cette décision, répondent avec enthousiasme qu'ils sont « parés ».

A 6 heures du soir, le vent du N.-E. commence à souffler; pour soulager l'avant, nous avons jeté à l'eau tout ce qui s'y trouvait et qui pouvait ne pas être indispensable; aussi le bateau, sorti de ses lignes, gouverne mal. Nous mettons à la voile sans forcer, et nous suivons la lisière de la banquise, tant que le vent nous le permet. Pendant la nuit, neige fréquente, sautes de vent brusques, temps désagréable mais maniable.

16 Janvier. — Tout le monde est éreinté, mais personne ne se plaint. On pompe sans cesse, et nous marchons courbés, les reins douloureux.

A 4 heures du soir, le N.-E., c'est-à-dire le vent debout, se met à souffler très fort, et la mer grossit. Que va devenir notre voie d'eau?

17 Janvier. — Gros coup de vent de N.-E., neige, brume, mer démontée. Nous prenons la cape tribord amures. Le bateau délesté de l'avant ne capeye plus aussi bien. A 8 h. 30, nous recevons un coup de mer par le travers, qui nous couvre entièrement, brise la table de cartes, enlève des barriques et arrache de ses palans la baleinière, qui retombe défoncée sur le pont. Le service des pompes est affreusement pénible; il faut s'arc-bouter pour ne pas tomber, et les mains gèlent sur la brinqueballe,

A partir de 8 heures du soir, le vent mollit peu à peu et, à minuit, il fait calme, mais le ratingage qui en résulte est peut-être pire que le mauvais temps ; nous ne pouvons faire aucune route et même pas porter notre voilure, qui, se balançant tribord et bâbord, risquerait de tout démolir.

18 Janvier. — Brise de S.-W. à peine assez forte pour que nous puissions gouverner.

Je craignais que le coup de mer d'hier n'ait augmenté notre voie d'eau, et c'est justement le contraire qui s'est produit ; nous gagnons une dizaine de minutes par heure sur les pompes (1). C'est peu, mais pour nous c'est énorme, et ce repos nous permettra peut-être de tenir jusqu'au bout. Nous sommes à la merci de la plus petite avarie et de la maladie, même d'un seul homme.

19 Janvier. — A minuit, temps beau et clair, légère brise de N.-E., mer clapoteuse, beaucoup d'icebergs qu'il nous faut éviter.

La terre est en vue ; ce sont d'abord trois grandes îles en calotte appartenant au groupe des îles Biscoë, puis derrière celles-ci des hautes chaînes de montagnes, des caps, des baies et une pointe remarquable que nous reconnaissons avec Matha pour l'avoir déjà vue au mois de février dernier. C'est sur elle que nous gouvernons.

Les icebergs deviennent de plus en plus nombreux, et nous arrivons bientôt à la lisière de la banquise à 1 ou 2 milles des îles et à une dizaine de la côte. Malheureusement tous nos efforts pour forcer la glace sont inutiles ; d'ailleurs des têtes de roches émergent, et, dans l'état actuel du bateau, nous n'avons pas le droit de risquer un nouvel échouage. Nous resterons ici tout le temps nécessaire pour faire la carte de cette région, et nous nous mettons immédiatement au travail...

A midi, le vent commence à souffler fort du N.-E. ; le temps a une vilaine apparence, et il neige par moments. Toute la journée et toute la nuit nous tournons sur place au milieu des icebergs.

Quantités de Baléinoptères et de Mégaptères plongent autour de nous,

---

(1) Lorsque le « Français » a été mis en cale sèche à Buenos-Ayres, nous avons pu nous rendre compte de la gravité de l'avarie. L'armature en bronze de l'étrave avait été mâchée, 7 mètres de fausse quille arrachés et plusieurs bordés disjoints. C'est grâce à l'extrême solidité de notre bateau que nous n'avons pas coulé sur place en quelques minutes. Il est probable que le coup de mer en question a dû renfoncer un des bordés.

celles-ci montrant au-dessus de l'eau une de leurs grandes nageoires qui se dresse comme la voile triangulaire d'une félouque.

20 Janvier. — Vers 11 heures, le temps claircit, et nous restons pour terminer notre travail. La sonde nous indique 144 mètres. A 4 heures du soir, nous partons en longeant les îles Biscoë et en naviguant au milieu des icebergs. La brise qui s'élève fraîche du N.-E. nous oblige à louvoyer.

21 Janvier. — Toujours vent debout ; nous faisons à peine de route. Vers minuit, un « malamoque » vient s'assommer sur les haubans et tombe sur le pont ; il va immédiatement enrichir nos collections.

22 Janvier. — Même temps, mer grosse. Les quarts sont éreintants, et mes doigts, qui s'asphyxient de plus en plus, passant du blanc d'ivoire au violet foncé, me font beaucoup souffrir. Matha a très mauvaise mine.

23 Janvier. — Vent debout fort, mer très agitée, brume.

24 Janvier. — De minuit à 3 heures, calme et brume épaisse, mer clapoteuse. Les feux allumés, nous allons de l'avant dès que la plus légère éclaircie se produit, et nous stoppons pendant le passage des bancs de brume. A 3 heures de l'après-midi, dans un léger et éphémère soulèvement de la brume, nous voyons, à tribord devant, un récif, puis une ligne de brisants et, assez loin derrière, le pied d'une terre qui est probablement l'île Victor-Hugo. A 10 heures du soir, une bonne petite brise du S.-W. se lève, amenant un temps plus clair, et nous faisons bonne route.

25 Janvier. — Toute la matinée et toute la journée, brume intense avec grosse houle. Il nous faut rester stoppés sous pression, presque tout le temps, prêts à manœuvrer, veillant avec soin les icebergs que nous aurions à peine le temps d'éviter.

A 8 heures du soir, le N.-E. souffle de nouveau, et le temps devient affreux.

26 Janvier. — Nous sommes à la cape depuis 4 heures du matin. Il fait clair et sec. Le mont William, que nous relevons au S.-E., est à 70 milles environ. Combien de temps cette navigation pénible, éreintante, va-t-elle durer ? Les hommes sont à bout de force ; mais pas une plainte ne s'échappe de leurs lèvres.

Il fait nuit maintenant de 11 heures à 1 h. 30. Au lever du jour, effet de lumière d'une apparence extraordinaire. Sur le ciel couleur de plomb, un arc de cercle blanc nacré, long et étroit, se détachait au-dessus de la terre, qui subitement devint d'un rouge ardent, et les nuées, chassées par le vent à leur tour, se teignirent en rouge par transparence.

Nos collections se sont enrichies d'une grande quantité d'oiseaux de mer.

27 Janvier. — La tempête est dans toute sa force, depuis minuit, et la mer est démontée. Le soir seulement le vent tombe graduellement, mais laisse une mer hachée et fatigante.

28 Janvier. — Calme. Lorsque je descends à 4 heures du matin réveiller Matha, je le trouve si pâle que je lui demande s'il n'est pas malade. Il me répond tranquillement qu'il pourra tenir encore vingt-quatre heures, mais qu'il craint de ne pouvoir aller plus loin ! Et c'est Matha, l'énergie même, qui me fait cet aveu ! Depuis le 19, nous faisons tous les quarts si pénibles, à nous deux, avalant nos repas à la hâte pour gagner quelques minutes de sommeil. Voici vingt-quatre jours que je ne me suis déshabillé, et, depuis le 15 Janvier, je ne me suis pas lavé ; je n'ai même pas pu retirer mes bottes, me jetant comme une brute sur ma couchette, paré à sauter sur le pont à la moindre alerte.

Heureusement la terre est devant nous, et nous voyons l'entrée de la baie Dallmann, qui nous permettra de gagner Port-Lockroy par le chenal de Roosen. Nous stoppons de temps en temps le long de la côte pour faire des stations hydrographiques, et nous approchons lentement.

A 4 heures, tandis que nous sommes à 1 mille à peine de terre, un bruit anormal se produit du côté de l'hélice, et la machine est immédiatement stoppée. Nous constatons qu'il n'y a que la clavette de l'arbre intermédiaire de cassée, et une réparation de fortune est faite de suite.

Nous entrons enfin dans le chenal de Scholaert, par une nuit heureusement calme et claire.

Dans le détroit de Gerlache, au calme succède un vent frais de S.-W. ; encore du vent debout qui retarde notre marche.

Mais tout a une fin, notre cairn se détache sur le fond blanc ; nous entrons à Port-Lockroy, et la pauvre machine stoppe, comme nous, épuisée !

Il était temps que nous arrivions, car les hommes sont à bout.

Nos chiens eux-mêmes sont dans un état déplorable, maigres et ahuris.

31 Janvier. — Le vent de N.-E. souffle de nouveau en tempête ; nous craignons, à un moment, de chasser, mais nous mouillons la seconde ancre, et toutes deux tiennent bon. Décidément, ce mouillage est très sûr.

Les petits Cormorans, Mouettes et Pingouins ont grandi pendant notre absence, et ces derniers sont déjà confiés aux soins de nourrices sèches.

Trent-huit Poissons ont été pris au tramail.

5 Février. — Les santés se remettent rapidement, et le travail marche grand train. Pendant tous ces derniers jours, le temps a été mauvais ; mais aujourd'hui le ciel est clair, sans un nuage. Nous allons en baleinière de l'autre côté du promontoire, dans le chenal de Roosen, où nous trouvons une belle plage de sable et de vastes étendues, bien plates et couvertes de gravier. C'est une délicieuse sensation de marcher sur autre chose que de la neige ou de la glace.

6 Février. — Nous débarquons pour faire quelques stations hydrographiques dans la petite île qui est séparée de Wiencke par le chenal Peltier.

7 Février. — Ascension au plus haut sommet de la Sierra du Fief.

Je décide de donner à ce sommet de 1 500 mètres le nom du Duc des Abruzzes.

10 Février. — Tout est prêt à bord depuis trois jours.

Nous avons dessein de faire, en passant, une excursion dans la baie de Biscoë, entre le cap A. Lancaster et le cap Rolland-Bonaparte.

11 Février. — De 8 heures à 9 heures, nous réglons les compas, puis nous partons. Le temps est splendide et, à 1 heure de l'après-midi, nous stoppons dans la baie de Biscoë. Matha, Pléneau, Turquet, Gourdon et deux hommes vont débarquer avec la baleinière sur un petit plateau rocheux qui peut fort bien être celui où Biscoë débarqua le 21 février 1832 ; pour ma part, cependant, je serais porté à croire qu'il aborda plutôt au même endroit que Dallmann, dans l'Hamburger Hafen.

Mes camarades y trouvèrent une végétation abondante pour ces régions et rapportèrent même deux Phanérogames, inconnus jusqu'alors. Matha y fit une station et, pendant ce temps, après avoir effectué quelques sondages qui me donnèrent 110 mètres, j'eus la chance, en draguant, de ramener à bord une ample et intéressante moisson zoologique et géologique.

En reprenant notre route, une grande roche à fleur d'eau se montre, toujours à proximité d'un grand iceberg tabulaire, et nous passons auprès de plusieurs semblables, à quelques mètres à peine.

A 7 heures, nous sommes de retour à notre mouillage.

12 Février. — A midi, nous partons. Nous irons directement au Nord du détroit de Gerlache pour terminer et compléter notre carte de la côte de Palmer.

Le temps est très beau. Dans le détroit, beaucoup d'icebergs et d'iceblocs, mais pas de glace de mer. A 10 h. 30, il fait trop nuit pour marcher, et nous stoppons en plein détroit.

13 Février. — A 2 heures du matin, par calme plat, j'ai des difficultés avec un gros icebloc qui paraît vouloir nous aborder ; notre machine refuse absolument de partir, mais heureusement l'icebloc manœuvre habilement et ne fait que frôler notre couronnement. Nous finissons par repartir, mais le vent de N.-E., avec son habituel cortège de brume et de neige, se met à souffler, et c'est à grand'peine que nous nous maintenons par le travers de l'île des Deux-Hummocks, au milieu d'iceblocs qui dérivent autour de nous. A 5 heures du soir, le temps redevient beau, et nous pénétrons dans la baie où donne le détroit qui sépare l'île Liège de l'île Brabant.

Matha, dans le you-you, va relever ce petit détroit impraticable d'ailleurs pour un navire et qui aboutit par le Nord à la grande baie Bouquet de la Grye, formée d'un côté par la presqu'île Pasteur et de l'autre par l'île Liège.

Nous passons le reste de la nuit, merveilleusement calme, à tourner sur place.

14 Février. — A 2 h. 30, il fait suffisamment clair pour que Matha puisse achever son travail, et nous nous dirigeons ensuite vers l'île Hoseason, dont nous faisons de nouveau le tour en partant du cap Angot. Le temps, extrêmement clair, nous permet de voir le magnifique panorama des îles avoisinantes et, au loin, les terres découvertes par Dumont-d'Urville.

A midi, nous sommes devant le cap Possession ; nous voudrions bien retrouver le cairn laissé par Foster en 1829, mais malheureusement les roches découpées rendent toute recherche de ce genre bien difficile. Matha et Rey, qui désirent observer, arrivent à débarquer avec beaucoup de difficulté à cause de la houle et reviennent à bord à 4 h. 30.

Nous nous mettons en route définitivement pour le Nord !

Nous longeons l'île Low, le cap sur l'île Smith, et nous passons de nouveau, comme l'année précédente, sur l'emplacement de la roche Williams sans la trouver.

15 Février. — Nous doublons l'île Smith.

C'est là que nous avons vu notre premier iceberg tabulaire ; c'est là que nous voyons notre dernier, aussi classique et aussi pur de forme.

Et maintenant, au revoir, Antarctique ! Nous allons vers les terres civilisées ; beaucoup à bord sont joyeux et anxieux d'y parvenir, mais votre souvenir restera sûrement impérissable dans leurs cœurs, et puissent les tourments de la vie ne pas leur faire trop regretter les mois passés dans votre domaine !

Il fait calme et clair ; le dernier iceberg disparaît comme un ami qu'on quitte, puis petit à petit les sommets neigeux des Shetlands du Sud s'enfoncent sous l'horizon.

18 Février. — Poussés par un fort vent variant du W.-S.-W. au S.-W., nous avons fait bonne route.

Aujourd'hui, nous avons dépassé le 60° de latitude ; nous rentrons dans les parages fréquentés et, pour la première fois, nous rallumons nos feux de position.

Nous pourrions arriver maintenant rapidement à la baie Orange, mais le baromètre baisse, annonçant des vents de N.-W., et la brise refuse de plus en plus.

Sans repos nous pompons toujours.

21 Février. — Pendant deux jours, nous avons lutté contre le vent debout et la tempête pour gagner soit la baie Orange, soit un mouillage qui nous aurait permis d'attendre le retour du beau temps. Les terres Magellaniques nous paraissent toutes étranges, dégarnies de neige et couvertes d'une verdure qui nous semble luxuriante. Il s'en dégage une odeur que nous sentons tous et qui nous étonne. Mais le bateau est trop avarié, nous sommes tous trop fatigués par le service éreintant des pompes pour persister plus longtemps dans cette lutte. Nous allons fuir devant le vent, remonter vers le Nord, et nous entrerons dans le premier port de Patagonie qui nous le permettra.

A minuit, nous passons par une mer affreuse dans le détroit de Lemaire ; mais c'est en vain que nous cherchons à voir le feu d'Ano-Nuevo, qui eût été pour nous le premier signe du monde civilisé.

4 Mars. — Depuis dix jours nous sommes contrariés par les vents debout et le mauvais temps. Nous n'avons vu que de très loin trois grands voiliers, et nous n'avons pu communiquer avec eux par signaux. Mais enfin, toutes voiles dessus, vent arrière, nous entrons dans la vaste baie au fond de laquelle se trouve Puerto-Madryn. A l'entrée, nous apercevons une maison, puis un bateau échoué ; quelques-uns affirment qu'ils ont vu des hommes, et les jumelles passent de mains en mains.

D'ici quelques heures, nous serons arrivés, et c'est maintenant, avec l'inquiétude de ce que nous apprendra le retour, le moment le plus pénible à passer.

Il fait presque nuit quand nous arrivons ; « mouille ! » le bateau s'arrête et évite au vent. C'est fini, l'Expédition est terminée.

J'apprends alors que « l'Uruguay » a été généreusement envoyé à notre recherche, mais que, arrêté par les glaces, il n'a pu trouver notre cairn, d'où on a déduit, ébranlé en partie par les insinuations malveillantes libéralement et cruellement semées au moment de notre départ, que nous étions perdus (1).

Je n'oublierai jamais comment, pendant les huits jours que nous sommes restés à Puerto-Madryn à nous remettre et à nettoyer le bateau, nous avons été reçus, choyés, soignés par le commandant Leroux et son aimable famille, qui m'a traité comme si j'étais un des leurs.

---

(1) Nous avons appris à notre retour que, tant en France qu'en Argentine, la perte supposée de l'Expédition avait créé un grand mouvement de sympathie. Je tiens à remercier, en dehors des membres de nos familles, ceux qui, tout en admettant pas notre perte comme certaine avant le temps normal écoulé, se sont néanmoins occupés activement à favoriser et à préparer une Expédition de secours éventuelle et tout particulièrement en Argentine, MM. M. F. et L. Pérez, le commandant Nunès, Davis, directeur du service météorologique ; en France, l'amiral Richard d'Abnour, MM. Charles Rabot, E. Lockroy, G. Thomson, Étienne, Glandaz, et enfin en Angleterre, M. Bernacchi, membre de l'État-Major de la « Discovery », Sir Clément Markham et M. A. Casella.

Tous les habitants de cette petite ville rivalisaient de bons soins et de prévenances, et en particulier M. Croft, qui m'avait ouvert largement sa bourse. Nous étions en République Argentine, et c'est tout dire.

Après dix jours d'heureuse traversée, gâtée seulement par l'éternel et éreintant service de la pompe, que nous n'avions pas cessé de manier depuis le 15 janvier, nous arrivions à Buenos-Ayres.

Une magnifique réception, à la fois officielle et populaire, disproportionnée à nos mérites, mais qui récompensait nos efforts, nous y attendait de la part des Argentins et de la collectivité française.

Le « Français » fut mis immédiatement en cale sèche par le Gouvernement argentin, qui, avec son habituelle générosité, prenait toutes les réparations à sa charge.

Enfin, quelques jours avant la date fixée pour notre départ, le ministre de la Marine proposa d'acheter mon bateau. C'était un hommage rendu à la construction française, et j'acceptai. Le « Français » devint l' « Austral », destiné au ravitaillement des observatoires météorologiques, que la remarquable initiative de la République Argentine crée et entretient dans l'Antarctique.

En de semblables mains, sa carrière ne peut être que glorieuse.

Le 5 mai, avec tout le personnel du « Français », sauf deux membres de l'État-Major, partis précédemment, nous quittions Buenos-Ayres sur le paquebot de la Compagnie générale des Transports maritimes « Algérie », emportant, dans 75 caisses, nos précieuses notes et collections.

Au moment du départ, un honneur inattendu nous fut rendu. Le croiseur le « Dupleix », battant pavillon de l'amiral Boué de Lapeyrère, était à quai, et, lorsque nous passâmes à le ranger, le pavillon national par trois fois s'abaissa, tandis que la musique jouait la *Marseillaise* et que l'équipage à la bande poussait trois hourrahs pour l'Expédition antarctique française. C'était le premier hommage que nous rendait notre pays, le plus touchant, celui peut-être qui fit le plus battre nos cœurs.

En arrivant à Tanger, une dépêche ministérielle nous informait que le Gouvernement français nous faisait le grand honneur de nous rapatrier sur le croiseur le « Linois », où nous fûmes l'objet des plus aimables attentions de la part du commandant Gouts et de tous ses officiers.

Le 9 Juin, nous arrivions à Toulon, où je retrouvais ma famille après vingt-deux mois d'absence. Nous y fûmes splendidement accueillis par la municipalité et par les Sociétés de géographie de Toulon et de Marseille.

Le lendemain matin, les vingt membres de l'Expédition descendaient du rapide à Paris.

Une foule d'amis et de maîtres se pressaient autour de nous, et, ayant à leur tête le ministre de la Marine, M. G. Thomson, des représentants et des délégués de l'Académie des Sciences, du Bureau des Longitudes, des Observatoires, de la Sorbonne, du Muséum, de l'Institut Pasteur, de la Société de Géographie, de la Faculté de Médecine, comprenant ce que la France a de plus illustre comme savants, nous attendaient pour nous féliciter (1).

Après une visite de reconnaissance au journal *Le Matin*, dont la généreuse initiative nous avait permis de partir, nous nous sommes séparés.

(1) Le ministre de la Marine a remis au D\u1d63 Charcot, à son arrivée à Paris, sur le quai de la gare, la croix de la Légion d'Honneur. Sur la demande de celui-ci, chef de l'Expédition, tous les membres de l'État-Major ont été également nommés Chevaliers de la Légion d'honneur.

Le patron E. Cholet, le chef mécanicien E. Goudier, le maître d'équipage Jabet et Rallier du Baty élève de la marine marchande, ont reçu les palmes académiques ; enfin le ministre de la Marine a conféré, à titre exceptionnel, la médaille d'honneur des marins du Commerce à tout l'équipage du « Français ».

Fascicules publiés (suite)

Juillet 1908

JOURNAL DE L'EXPÉDITION, par J.-B. Charcot.
1 fascicule de 120 pages : **7 fr.**

GÉOGRAPHIE PHYSIQUE, GLACIOLOGIE, PÉTROGRAPHIE, par E. Gourdon.
1 fascicule de 214 pages, avec 11 planches et 1 carte hors texte, **25 fr.**

FLORE MICROBIENNE............ par Mlle Tsiklinsky.
1 fascicule de 34 pages, avec 2 planches hors texte : **4 fr.**

BOTANIQUE..................... **Lichens**, par M. l'abbé Hue. — **Diatomacées**, par M. Petit.
1 fascicule de 22 pages, avec 1 planche hors-texte : **3 fr.**

VERS et BRACHIOPODES........ **Némertiens**, par L. Joubin. — **Géphyriens**, par Marcel-A. Hérubel. — **Brachiopodes**, par D.-P. Œhlert.
1 fascicule de 28 pages, avec 1 planche hors texte : **3 fr.**

SPONGIAIRES et CŒLENTÉRÉS. **Alcyonaires**, par L. Roule. — **Animal pélagique**, par M. Bedot. — **Méduses**, par Otto Maas. — **Spongiaires**, par E. Topsent.
1 fascicule de 66 pages, avec 9 planches hors-texte : **15 fr.**

CRUSTACÉS ... . **Isopodes**, par miss Harriett-Richardson. — **Ostracodes marins**, par E. De Daday.
1 fascicule de 22 pages : **2 fr.**

Corbeil. — Imprimerie Éd. Crété

www.ingramcontent.com/pod-product-compliance
Lightning Source LLC
Chambersburg PA
CBHW060159100426
42744CB00007B/1099